相撲茶屋のおかみさん

横野レイコ 著
YOKONO Reiko

現代書館

はじめに

稀勢の里が新横綱として初めて迎える東京場所のチケット前売り日、国技館内の茶屋通りに設置された二台の電話はひっきりなしに鳴っていた。当番のおかみさんが受話器の向こう側の相手に申し訳なさそうに頭を下げて「あいにくチケットは売り切れです」と丁寧に断っている。ネット予約ですでにチケットは完売。お茶屋の手元にも売るべきチケットがないという状態だった。「こんなことは若貴ブーム以来。えらいことになった」とベテランの出方さんが興奮気味に話す。

今年に入って、前売り日からの二日間で、電話受付により販売するチケットがお得意様からの注文だけであっという間になくなり、一般の電話受付で

はチケットがない状態になっていた。

空前の相撲ブームから二〇年、苦しい時代を相撲協会とともに歩んできたお茶屋さんたちにとって、今のこの相撲ブームはどのように映っているのだろうか？

また、どうすればお茶屋さんでチケットを買うことができるのか？

相撲ファンでも、知っているようで知らないお茶屋さんについての素朴な疑問を解消することができればと取材を始めると、なんと奥の深いこと！改めて相撲の奥深さを思い知ることになった。

お茶屋さんの奥義を知れば、あなたもさらに大相撲の虜《とりこ》になること間違いなし！　相撲ファンとしての番付を上げるためにも、ぜひご一読ください。

相撲茶屋のおかみさん　目次

第二章 相撲茶屋を支える人々

相撲茶屋の歴史

茶屋制度の前身は江戸勧進相撲が始まった二百年以上も前からで、その歴史は古い。明治中期に回向院の門前にあった相撲茶屋は七軒だった。

明治四十二年（一九〇九）六月に新設された両国国技館は大正六年（一九一七）十一月、菊人形大会の千秋楽で失火事件を起こして消失した。それからしばらくは、靖国神社境内などで晴天興行が行われた。

その後、国技館が再建されたのは大正九年（一九二〇）。これでようやく安定期に入ると思われた矢先、大正十二年（一九二三）九月一日、関東大震災が起こる。

幸い、国技館は内部の類焼です

◉明治初期の回向院門前。櫓、御免札、板番付が見られる
（三代歌川広重「東京名勝図会」）

んだが、当時の両国、本所辺りにあった相撲部屋は全焼してしまい、大正十三年（一九二四）春場所を東京で開催することができず、名古屋の大池で一〇日間だけ晴天興行を行った。

茶屋にとっても激動の苦しい時代が続いたが、どんな天災にも負けることなく継続し、大相撲は、常ノ花から玉錦・双葉山の人気全盛時代へと変わっていく。

双葉山が新横綱となったのは、昭和十三年（一九三八）一月。当時は前夜からファンが国技館を取り囲み、夜中の三時に開場したこともあったほどの人気ぶりだった。

相撲協会（当時は大日本相撲協会）はこの時期に映画部を開設する。これにより大相撲の時代を飾る力士たちが日本の歴史の中でニュース映像として刻

◉開館当時の旧両国国技館

まれていくきっかけにもなった。

昭和二十年（一九四五）三月十日未明、空襲で両国国技館が大損害を被る。同年十一月、建物の外側のみ残った国技館で、戦後初の一〇日間だけの本場所が開催された。

さらに敗戦により、相撲史上最大の危機が襲う。

国技館は米軍に接収され、「メモリアル・ホール」と名前を変更された。興行も通常どおりできなくなり、茶屋も切符（チケット）を売るにも売りようがないほど苦しい時代になった。人々は生きるのに必死、食糧難で力士たちは充分に稽古もできず、相撲どころではなかったという。茶屋の中には相撲部屋と関わりの深い店も多く、当時は縁のある相撲部屋に食料を供給したり、相撲部屋が茶屋を助けたりと、相撲界と相撲茶屋は切っても切れない親戚のような間柄となって支え合ってきた。

そして、昭和二十九年（一九五四）九月に蔵前国技館落成。

昭和三十二年（一九五七）に国会で相撲茶屋のあり方が問題となって紛糾

するが、当時の武蔵川理事長が「茶屋と相撲界は互いに長い歴史の中で支え合ってきた。これからも苦しい時代があるだろうが、変わることはない。伝統を守るためにも苦しい時代を支えるお客様を持つお茶屋の企業努力が必要なのだ」と国会議員を向こうに回して語り、相撲茶屋の危機を救ったといわれている。

昭和四十年代は柏鵬時代となり、栃若時代から輪湖時代、千代の富士全盛時代を経て若貴時代と続き、外国人力士たちが台頭してくる中、苦しい時代を横綱白鵬が一人横綱として支え、今、稀勢の里が新横綱となって相撲人気はうなぎのぼりになった。

＊

貴重なチケットを手に入れて心躍らせながら国技館を訪れると、入口でチケットをもぎっているのは、土俵を沸か

◉蔵前国技館の開館式

せた昭和や平成の力士たちではないか。今は親方となり座っているその姿に、相撲ファンなら、まず驚かされるに違いない。「あ、あの親方、知ってる」「へー、今も大きいな。ファンだったんだ」などと感動しつつも、正面にある「国技館」と書かれた重厚な看板も見た上で、左手にある「案内所」と書かれた入口に向かってほしい。そこへ一歩入ると、目の前に江戸情緒たっぷりの景色が現れる。通称「茶屋通り」と呼ばれる所だ。

そこは浅草の仲見世のような賑わいを見せている。

それぞれの茶屋の軒下には

提灯や屋号の書かれた暖簾《のれん》がかけられ、初場所は繭玉《まゆだま》、五月場所はアヤメや藤、九月場所は紅葉など、季節ごとに風情ある飾りが設えられている。

手にしたチケットに書かれてある番号の茶屋に行くと、威勢のいい声で出方さんたちが出迎えてくれて、席へと案内してくれる。

すでにそこから大相撲の世界が始まっているのである。

第一章

お茶屋さんの話から

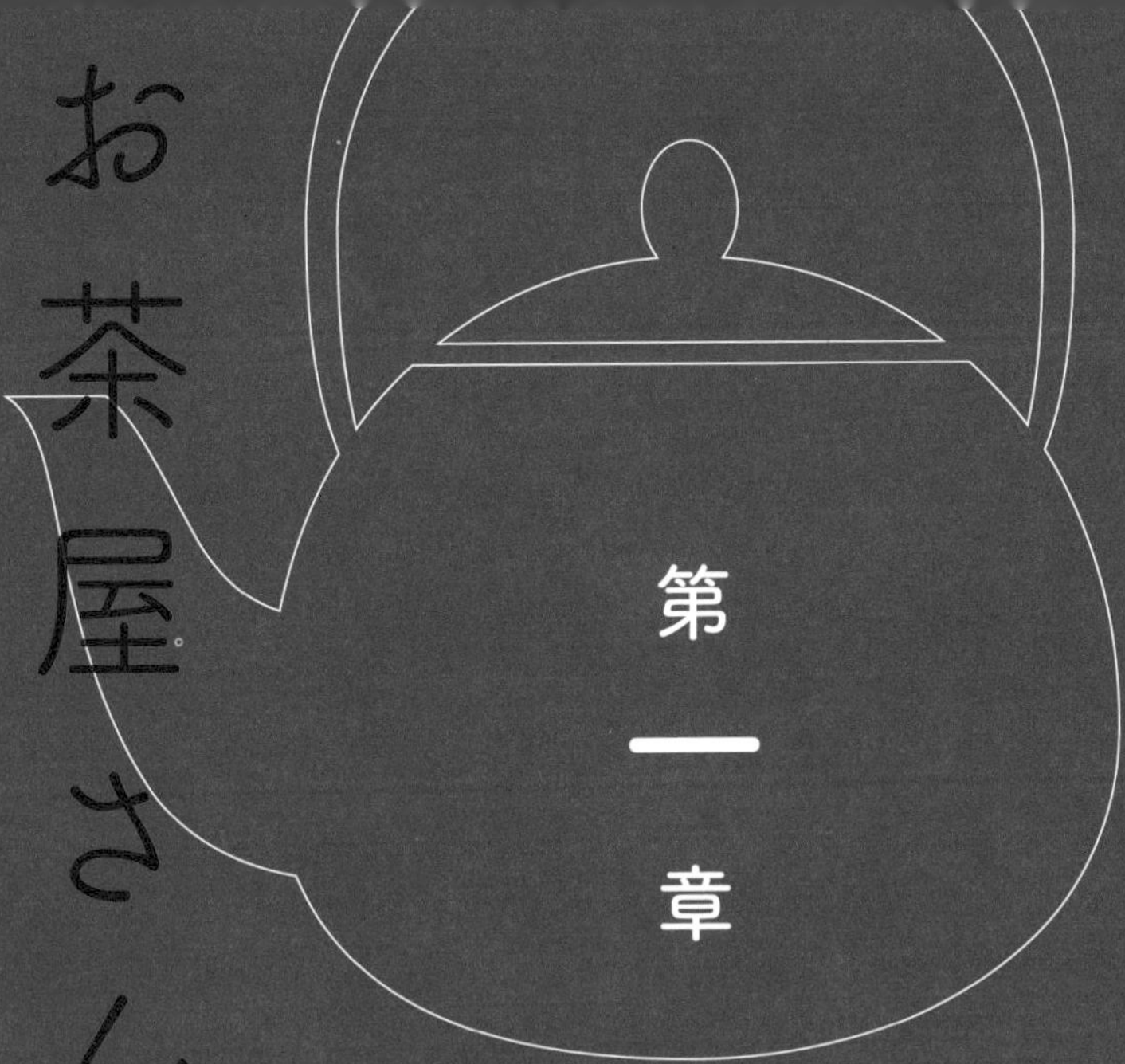

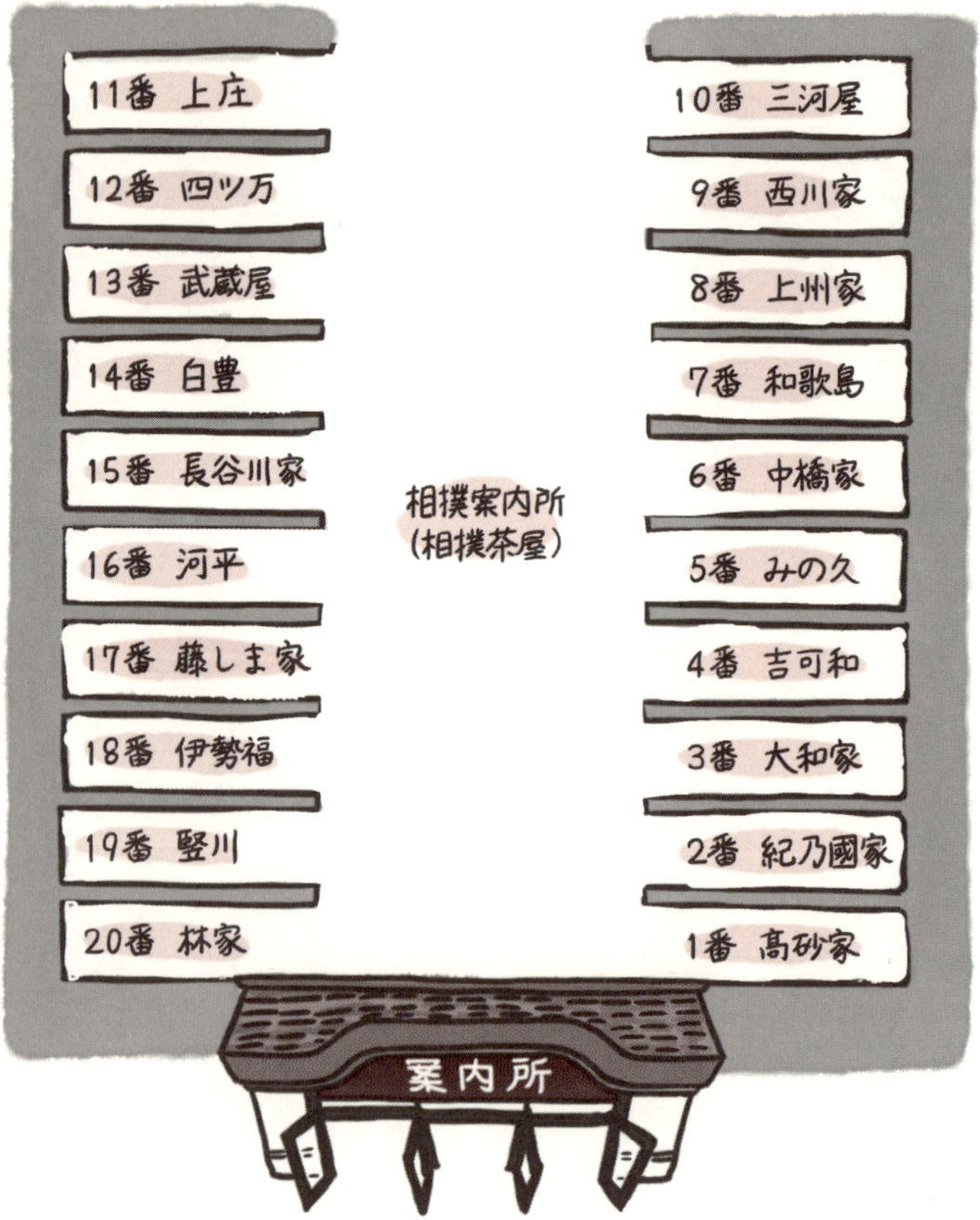
1番 高砂家
2番 紀乃國家
3番 大和家
4番 吉可和
5番 みの久
6番 中橋家
7番 和歌島
8番 上州家
9番 西川家
10番 三河屋
11番 上庄
12番 四ツ万
13番 武蔵屋
14番 白豊
15番 長谷川家
16番 河平
17番 藤しま家
18番 伊勢福
19番 竪川
20番 林家
相撲案内所
(相撲茶屋)
案内所

一番　髙砂家《たかさごや》

平成二十九年（二〇一七）六月十一日、茨城県水戸市の第十九代横綱常陸山《ひたちやま》が眠る墓前に、第七十二代横綱稀勢の里が神妙な面持ちで手を合わせていた。

茨城県から久しぶりに誕生した横綱を記念し、常陸山の一族はじめ三八〇〇人の観衆が見守る中、水戸市内にある常陸山像の前で、稀勢の里が同じ茨城県出身の大関髙安を従えて横綱土俵入りを行った。

相撲茶屋のおかみとして

相撲界とともに歩んできた市毛弘子さんにとっては、常陸山と同郷である稀勢の里の横綱昇進には格別な思いがあり、この日は忘れられない日となった。

稀勢の里自身も、角聖といわれた常陸山の銅像の前で土俵入りをした後、少し興奮気味にこう語った。「常陸山関は故郷の先輩横綱であり、自分とはレベルの違う大横綱。このような機会をつくっていただき光栄です。少しでも近づけるように精進したい」

常陸山の家系は、代々、水戸藩に仕えた家柄で、曽祖父は弓道指南番、祖父は水術の達人で鉄砲の師範役、父も剣や弓術に長けていて算術にも優れ文武両道の家系であったという。明治二十五年（一八九二）六月に初土俵を踏み、三十四年（一九〇一）一月場所後には大関昇進、均整のとれた体格に気迫ある仕切りで堂々たる相撲ぶりに観衆は魅了され、三十六年（一九〇三）六月にはライバル梅ヶ谷とともに吉田司家から横綱免許を授与され、大相撲史上最大の黄金期といわれる「梅・常陸時代」を築いた。

新横綱稀勢の里も尊敬する常陸山にゆかりの深い髙砂家は、二〇軒ある茶屋の中でもその歴史は古く、相撲界の功労者となった横綱常陸山谷右衛門（第五代出羽海）の一族によって脈々と継承され、今の市毛弘子さんで五代目になる。

明治二十年（一八八七）からある高砂家は、初代が高砂部屋の三段目の力士だった花菖蒲（本名・古林米吉）の妻おさくだったため「高砂家」と命名された。

初代のおさくは旗本の娘で気っぷが良く、かなりのやり手だったそうだ。おさくの手腕により店は大繁盛、顧客には伊藤博文や明治の政財界の名だたる人々がいたという。おさくと仲が良かったのが、当時常陸山夫人だった、お知可。横綱常陸山全盛期に、「夫がいずれ引退して部屋を継承するにはお金がかかる。そのためにも私に何かできることはないだろうか」と考えてい

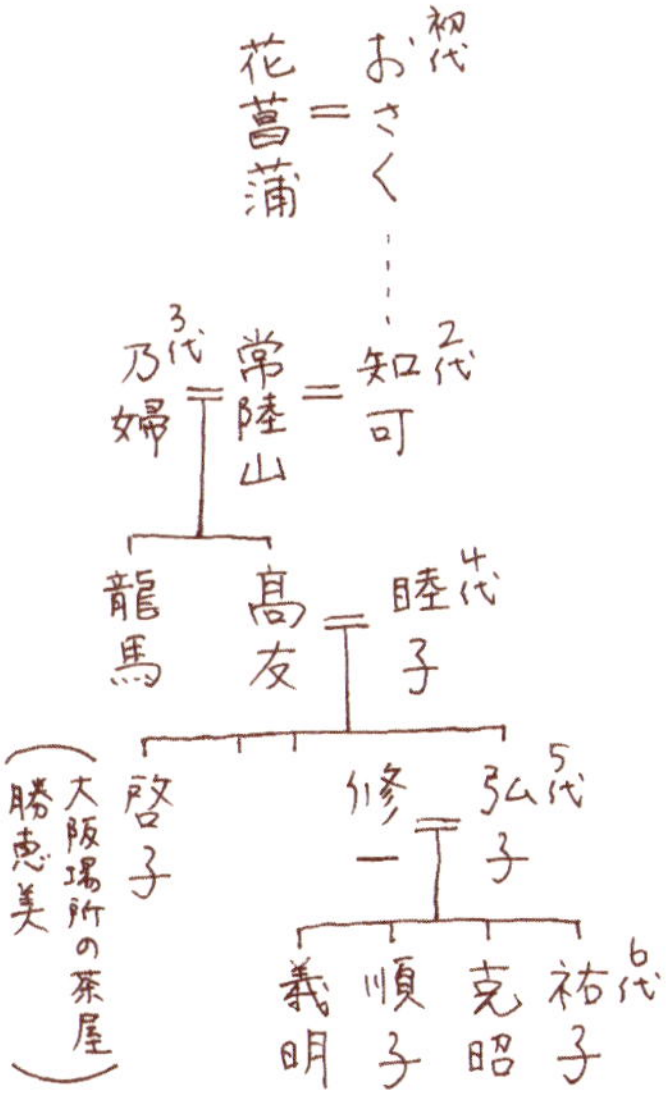

たところ、仲良しのおさくが「常陸山さんにならお分けしてもいいですよ」と言って茶屋の権利を譲ってくれたという。実は、「よく稼ぐが、よく使う横綱常陸山」の台所事情を熟知していたおさくが粋な計らいをしてくれたともいわれている。こうして明治三十九年（一九〇六）暮れ、高砂家は出羽一門である常陸山の妻の知可に引き継がれた。二代目の知可は商売熱心でお客様の注文に東奔西走し、柳橋や新橋の花柳界の顧客をも一手に呼び込んだ。困っている人の相談を断り切れないほどのお人好しだった常陸山の借金まで返したという。しかし、明治四十四年（一九一一）春、あさりの中毒を起こして知可が急逝する。三十二歳の若さで亡くなった働き者の妻を思い、常陸山は人目もはばからずに男泣きしたという。結婚七年目で子どもがいなかった知可は、妹の乃婦を後添えにと夫に遺言までしたためていたそうだ。悲嘆に暮れていた常陸山は妻の遺言どおりに明治四十四年（一九一一）三月、乃婦を後妻に迎えた。

大正三年（一九一四）一月に常陸山は引退し、出羽海を襲名する。三代目乃婦も姉に劣らず賢婦人で店を盛り立て、また、部屋のおかみさんとしても働いた。弟子一人でスタートした部屋が一〇〇人近い弟子をかかえる大部屋となり、その台所事情を陰で支えてきたという。

　大正十一年（一九二二）六月十九日、出羽海親方（常陸山）は肺血症のため四十八歳の若さでこの世を去った。一五〇勝一五敗の横綱常陸山は、豪放磊落《ごうほうらいらく》な人柄で多くの力士たちからも慕われ、師匠としても大錦、栃木山、常ノ花、九州山、常陸岩など数々の横綱・大関を育て上げた。出羽ノ海部屋をわずか一代で角界の看板部屋にした足跡は今も相撲史に輝いている。優れた判断力と行動力で大相撲の隆盛に心血を注ぎ、「力士がいかに身体的に優れているか」を証明するため病理解剖することを生前から遺言として残し、医学にも貢献。相撲協会は初の協会葬を行い、そ

常陸山《ひたちやま》谷《たに》右衛門《えもん》

第19代横綱／出羽ノ海部屋

本名	市毛 谷	
生没年月日	1874年1月19日− 1922年6月19日	
出身地	茨城県水戸市	
幕内成績	150勝15敗22分2預131休	
優勝回数	1回（ほかに優勝相当成績6回）	
番付	初土俵	1892年6月場所 序ノ口
	新入幕	1899年1月場所
	新大関	1901年5月場所
	新横綱	1904年1月場所
	最終場所	1914年6月場所
得意手	泉川、吊り	
身長／体重	174cm／146kg	

の功績をたたえたという。

後妻となった乃婦との間には、子どもが二人いた。その後、長男髙友の妻である市毛睦子さんが四代目を継承した。今のおかみさんの母である。平成二十五年（二〇一三）に九十七歳で亡くなったが、亡くなる前年までおかみさんとして着物を着て一五日間帳場に座っていた。着物を着るのが辛くなったからと「洋服を着てまで店に出たくない」と言って辞めたそうで、店にはきちんと着物を着ていかなければならぬというおかみとしての矜持《きょうじ》があったという。

睦子さんは生前、「常陸山の業績を汚してはいけない。先代たちが築いてきた基盤を大切に守り抜いていかなくてはならない」と常々語っていたそうだ。旧財閥をはじめ大手企業など百年続く顧客とのつながりが今もあるのは、代々その思いがしっかりと継承されているからに他ならない。

弘子さんは「伝統を守り、壊してはいけないという気持ちが常にあります。それは、相撲があって自分たちの現在があるという気持ちが強いからです」

と語る。

戦後、中野に自宅があった関係で、荻窪にあった（初代若乃花のいた）旧花籠部屋とのつきあいが始まった。その頃は巡業も部屋単位で行われていて人手不足もあり、出方たちが呼び出しや裏方として花籠部屋と一緒に回った時代でもあった。屋号と同じ名前である高砂部屋とのつきあいは第四十六代横綱朝潮太郎の代から始まったという。高砂親方（朝潮）から「やっと元のつながりに戻ったね」と言われたことがうれしかったそうだ。貴乃花や若乃花、小錦や朝青龍の引退相撲も手伝わせていただいたと話す。タレントの小錦さんは今も国技館に来ると必ず髙砂家のおかみに「元気？」と挨拶に立ち寄る。また、鳴戸親方（元大関琴欧洲）も初日には必ず「おかみさん、初日おめでとうございます」と挨拶に来るそうで、「日本人が忘れかけている何かを外国出身の力士たちはしっかりと持っていますよ」と語る。

場所後に作成する請求書には必ず一筆添えて送るようにしているという弘子さん。年末年始にはカレンダーを送り、場所ごとに五〇〇〇枚もの番付表を送る。

初場所は年賀の印。番付発表の日には各相撲部屋と同じように朝六時過ぎから自宅で番付表に髙砂家の印を押し、出方さんたちも自宅に集まり、番付表を折りながら赤飯とちゃんこを用意して食卓を囲む。そこで「今場所もよろしくお願いします」と言い合うのが髙砂家の恒例行事になっていて、この日が来ると、また本場所が始まるなと実感するそうだ。

出方さんたちの中には本場所以外は電気屋さんに勤めていたり、熊手作りをしている人もいて、親の代から二代、三代と続いている出方さんもいる。

また、髙砂家は、昔ながらの顧客だけではなく、時代に合わせた団体客も多い。横綱貴乃花引退後は相撲界の不祥事もあって、一五年間も苦しい時代が続いた。この時、弘子さんは人を頼って弁護士会や勤労者互助会、商工会議所などに毎場所定期的にチケットを買っていただけるようにと大口顧客の勧誘に出向いた。それが現在の髙砂家の団体客にもつながっているというのだ。昭和四十年代は相撲界も不遇の時代が続き、チケットが売れずに苦労した。地方の農協を一軒ずつ歩いたことが全農・農協観光とのつきあいにつながっていると感謝している。

長年顧客となっていただいているお客様には、毎場所、おかみさんと番頭が挨拶に伺う。「苦しい時にどうつきあっていただけるかを見極めることも大切だ」と言う弘子さんは、「いつまた以前のように苦しい時代がくるかもしれないという不安は常にあります」と今の相撲人気にも決して安心することなく冷静に見つめる。

現在は弘子さんの娘の祐子さんが見習いとして手伝い、次代の継承者とともに、先代たちがつくり上げた基盤を守っている。

角聖といわれた横綱常陸山の魂は、相撲茶屋の高砂家に確実に息づいている。

二番　紀《き》乃《の》國《くに》家《や》

昭和四十年代に柏鵬時代を築いた第四十七代横綱柏戸の妻セツ子夫人は、双葉山全盛期に二度も土をつけている元小結桜錦を父に持つ。

今も相撲史に語り継がれる六九連勝の偉業を達成したあの双葉山を、立ち合い、一瞬の蹴手《けた》繰《ぐ》りで土俵に這わせた桜錦は青森県北津軽郡板柳町出身。元小結高見《たかみ》盛《さかり》の振分親方は同郷の後輩にあたる。

一七一センチ、九三キロと小兵ながら、立ち合いの突進力は天下一品で、引き技も上手く闘志あふれる相撲っぷりは多くの相撲ファンを魅了した。

桜錦は、昭和十八年（一九四三）五月二十九日にふみ子さんと結婚。太平洋戦争下で桜錦も召集令状を受けて弘前六〇連隊に入隊する。

戦後の厳しい土俵環境の中でも精進を続けたが、眼底出血が悪化して二十六年（一九五一）五月場所で引退し、高崎親方を襲名。その引退前の昭和二十四年（一九四九）、第十六代式守伊之助夫人からふみ子さんが茶屋を譲り受けた。しかし当時は晴天興行が続き、天候に左右されることも多くて、相撲

桜錦《さくらにしき》利一《りいち》

小結／出羽ノ海［出羽海］部屋

本名	会津→加藤利一	
生没年月日	1916年6月26日–1962年6月4日	
出身地	青森県北津軽郡	
幕内成績	149勝146敗51休	
番付	初土俵	1938年1月場所 幕下付出
	新入幕	1940年1月場所
	最終場所	1951年5月場所
得意手	左四つ、押し出し、蹴手繰り	
身長／体重	171cm／93kg	

柏戸《かしわど》剛《つよし》

第47代横綱／伊勢ノ海部屋

本名	富樫 剛	
生没年月日	1938年11月29日–1996年12月8日	
出身地	山形県鶴岡市	
幕内成績	599勝240敗140休	
優勝回数	5回	
番付	初土俵	1954年9月場所
	新入幕	1958年9月場所
	新大関	1960年9月場所
	新横綱	1961年11月場所
	最終場所	1969年7月場所
得意手	突っ張り、右四つ、寄り	
身長／体重	188cm／139kg	

人気復活には程遠い状態だった。まさに暗中模索といえる茶屋のスタートだったが、桜錦自ら案内状を作成したり、故郷の後援者に手紙を書いたりと協力し、ふみ子さんも奮闘した。周囲からは「高い買い物をしたのではないか……」とも言われたが、呼び出し太郎さんだけは「心配することはない。今に相撲人気は復活するから」と言ってくれ、その言葉を励みに夫婦で頑張ったという。

もともとは、髙砂家・大和家とともに回向院前にあったよしず茶屋が前身で、明治四十二年（一九〇九）、旧両国国技館開館時に正式に相撲茶屋となった。雷《いかずち》部屋の年寄だった桐山権平（谷ノ川）の妻が経営していたのを、行司の伊之助夫人が譲り受けて、戦後、ふみ子さんが継承したのだ。

桜錦夫妻は、二男二女の四人の子どもを授かり、その長女セツ子さんは柏戸の妻となる。世はまさに柏鵬時代、横綱柏戸は春日野親方（元横綱栃錦）夫人の紹介で見合い結婚をしたのだった。

まっすぐな人柄だった柏戸は、相撲に生きる男らしく、何事にも白か黒かしかないタイプだった。桜錦の二女友理子さんにとっては義兄となるが、蔵前国技館時代、花相撲に遊びに行って仕度部屋でサインをしてもらったこともあり、土俵を離れると気さくで優しい人だったという。

横綱柏戸は現役時代に三人目の子どもを亡くしている。人前では決して涙を流すことのなかった柏戸が、家族の前で男泣きしていた姿は今でも忘れられないと友理子さんは話す。

現役時代は糖尿病と闘い、引退後は腎臓も悪くなったので人工透析が欠かせなくなった。現役引退後、鏡山親方となり審判部長を長く務めていたが、人工透析後は若い衆に押してもらわないと部屋の階段も上がれないほど辛そうだったという。しかし、どんなに辛くても、休むことなく毅然とした態度で審判という職務を全うしていた姿に親方の強さを感じたという。

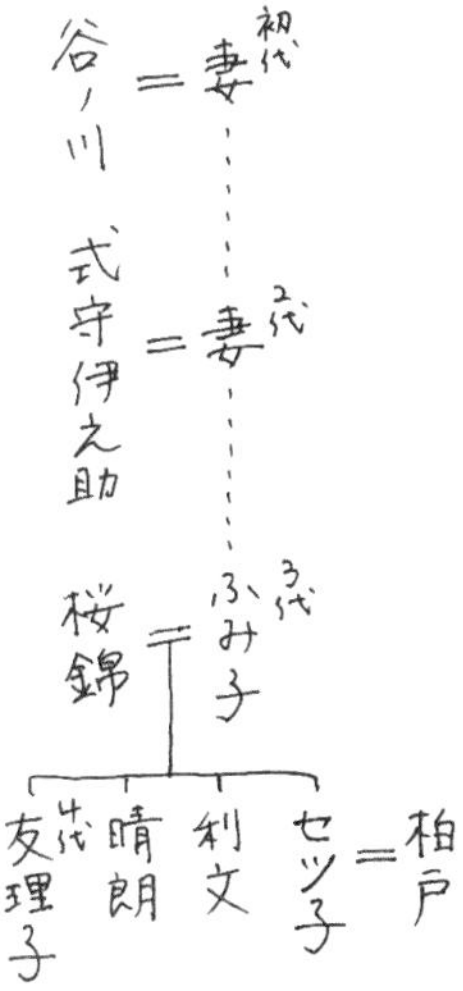

審判部だった鏡山親方は、蔵前国技館時代は紀乃國家に来て昼食をとることもあった。食事をしながら茶屋の人たちとも気さくに談笑していたそうで、審判として厳しい表情で土俵を見つめる親方が和やかに過ごせるわずかな時間だったのかもしれない。

茶屋は、鏡山親方夫人となったセツ子さんと二女の友理子さんが母のふみ子さんを手伝い支えていた。

姉妹は仲良しで、おかみとなったセツ子さんを手伝うこともあった友理子さん。「地方場所になると部屋に行って、力士たちの布団を姉と一緒に干したりしたのですが、布団の中からケーキや餃子が出てきて大笑いしたこともありました。きっと夜中にお腹が空いて一人で食べていたんでしょうね」と懐かしそうに話す。

四歳上の姉セツ子さんは病弱だったので、二女の友理子さんが平成十六年(二〇〇四)十一月二十二日に茶屋を継承し、平成十七年初場所より紀乃國家のおかみさんとなった。

「四人兄弟の末っ子だったし、まさか自分が茶屋を継ぐことになるとは思ってもいなかった」と、当初は驚きを隠せなかったという。それもそのはず、二女の相崎友理子さんはすでに岐阜に嫁いでいて、初めは本場所の時だけ母の手伝いで上京するぐらいだったからだ。しかし、いずれは茶屋を継承することも視野に入れて三四年前に上京していた。

家族みんなで助け合いながら、長女のセツ子さんは部屋のおかみ、二女の友理子さんは茶屋のおかみを務めていたが、四歳年上の姉セツ子さんが平成二十年（二〇〇八）十月九日に他界した。その二年後、平成二十二年（二〇一〇）六月八日、母のふみ子さんも脳梗塞で九十歳で亡くなった。

友理子さんは、母や姉の思いを継承する意味でも、場所中は朝の十時には来て、打ち出し後の七時くらいまで一五日間、和服姿で座っている。桜錦・柏戸の名に恥じないようにとの思いを胸に、番頭一人、出方六人、帳場を合わせて総勢一五人で紀乃國家を支えている。

昭和の大横綱大鵬と柏戸は永遠のライバルとして語り継がれ、現役時代は互いに口もきかなかったといわれていたが、生前、柏戸は家族に「大鵬がいなかったら俺はいなかった」とよく話していたそうで、大鵬もまた、家族にだけはそう話していたという。

生前に大鵬が残した大嶽《おおたけ》部屋に、今は柏戸の孫が時折、稽古に訪れることがあるそうだ。小学六年生になった柏戸の孫が相撲を始めて、なんと大鵬道場で稽古をしているのである。相撲ファンとしては大きな期待を抱いてしまうが、周囲の盛り上がりをよそに当人は、「精神を鍛えるためにやっているんだ」と言っているとか。さすが、柏戸の孫である。いつの日かそれぞれ孫の時代となって柏鵬時代が訪れる日が来れば、相撲人気は不動のものとなり、茶屋全体もさらに盛り上がることだろう。

三番　大和《やまと》家《や》

毎年元旦の午前八時、両国にある春日野部屋の前に一台の大型バスが止まる。そのバスに春日野親方夫妻をはじめ、関取衆や力士たちが続々と乗り込み、第二十七代横綱栃木山、第四十四代横綱栃錦の眠る東京・谷中と小岩の

万福寺に墓参りに行くという。そのバスには相撲案内所三番の大和家の中田夫妻も乗り、力士たちとともに新年を祝うのが正月の恒例行事となっている。

　大和家は古くは回向院境内にあったよしず茶屋が始まりで、旧両国国技館開館時に加入した。野呂東助夫人のトミが初代で、その後、木村宗四郎が引退後に春日野親方となり、二代目としておえい夫人とともに大和家を切り盛りしていた。春日野親方は当時、入幕したばかりの出羽ノ海部屋の栃木山に惚れ込み、親友である出羽海親方（元横綱常陸山）の了解を得て養子にした。その栃木山夫人となった中田ふくが三代目を継承し、四代目が栃錦夫人の中田勝子である。

　栃木山夫妻には子どもがいなかったので、栃木山と親戚である中田友宏さんと、横綱栃錦が同時に養子となった。栃錦は三十四歳、友宏さんは高校一年生だった。昭和三十四年（一九五

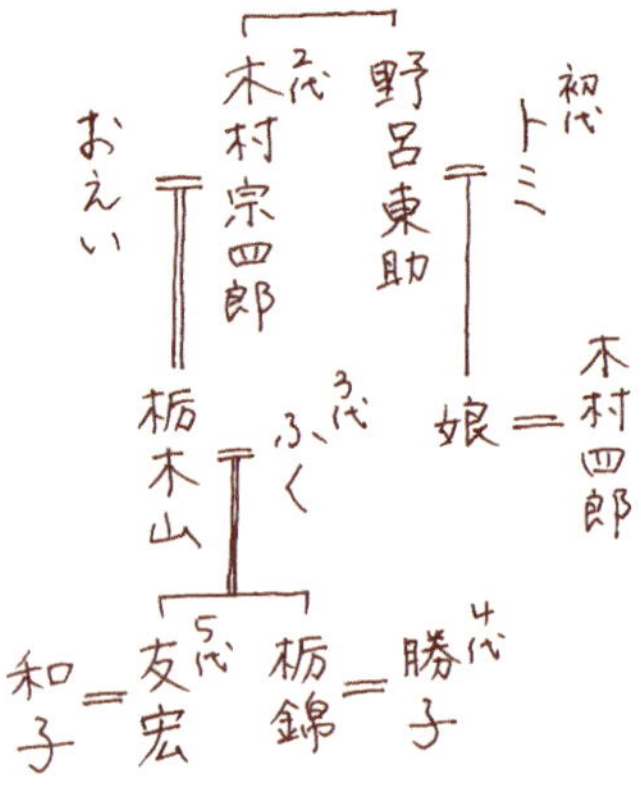

九）に先代の春日野親方が亡くなり、栃錦は現役のまま「二枚鑑札」として部屋の親方となった。横綱が突然自分の兄になったことについて聞くと、「小さい頃からお互いに知っていたし、そんなに違和感はなかった」と語る。友宏さんはそのまま大学に進学し、トヨタに勤務したが、平成十年（一九九八）初場所から五代目大和家代表となった。養子となった二人が角界と茶屋を支えていた。

栃《とち》木《ぎ》山《やま》守《もり》也《や》

第27代横綱／出羽ノ海部屋

本名	横田→中田守也	
生没年月日	1892年2月5日– 1959年10月3日	
出身地	栃木県栃木市	
幕内成績	166勝23敗7分4預24休	
優勝回数	9回	
番付	初土俵	1911年2月場所
	新入幕	1915年1月場所
	新大関	1917年5月場所
	新横綱	1918年5月場所
	最終場所	1925年5月場所
得意手	左ハズ押し	
身長／体重	172cm／104kg	

栃《とち》錦《にしき》清《きよ》隆《たか》

第44代横綱／春日野部屋

本名	大塚→中田 清	
生没年月日	1925年2月20日– 1990年1月10日	
出身地	東京都江戸川区	
幕内成績	513勝203敗1分44休	
優勝回数	10回	
番付	初土俵	1939年1月場所
	新入幕	1947年6月場所
	新大関	1953年1月場所
	新横綱	1955年1月場所
	最終場所	1960年5月場所
得意手	右四つ、寄り、上手出し投げ	
身長／体重	177cm／132kg	

現在は妻の和子さんが夫とともに一五日間通い、夫婦で茶屋を支えている。

中田家は代々養子縁組をして中田姓を襲名している。横綱栃錦だった九代目春日野親方は人情に厚く弟子思いの人だったそうで、理事長になってから簿記三級を取ったほどの勉強家だった。「宵越しの金は持たない」タイプで、遊びも豪快で記者の人たちと屋形船を借り切って飲むこともあったらしく、豪放磊落そのもの。角界関係者が語る栃錦武勇伝は今も多方面で語り継がれている。また、女心を読むことにも長けていて、妻が忙しさでちょっとイライラしているなと思うと「デパート行ってこい」と絶妙のタイミングでさらりと言うような人だったそうだ。買い物でもして気分転換することで穏やかな気持ちになるという女心をよく理解していたのだろう。

春日野部屋のすぐ前に住まいを構えている中田夫妻は、稽古風景もよく見ていて、互いに行き来していたという。和子さんが義兄にあたる春日野親方（元横綱栃錦）に「相撲部屋では朝食を食べずに稽古をするのが普通だけど、力士でなく行司として入門した弟子には朝食抜きはかわいそうじゃないかしら」と言うと素直に聞き入れ、入門当初、行司や呼び出し、床山の新弟子には朝食を食べさせ、相撲部屋の生活に慣れてきてからみんなと同じ生活をさせるようにしていたそうだ。また、その春日野親方が理事長時代に、現在の両国国技館建設の話が持ち上がり、蔵前国技館を台東区に売却したお金を元手に借金なしで建てたという話は有名だ。建設を任せることにした鹿島建設の見積書を見て、あまりの高額に驚いて、二子山親方（第四十五代横綱若乃花）とともに紋付き袴の正装姿で鹿島建設の社長室に出向き、かなり値切ったと伝えられている。当時、「どれくらい値切ったのか」と報道陣に聞かれ、「我々は相手を負かす（まけさせる）のが仕事だから」と笑って煙に巻いたという話も春日野伝説として語り継がれている。「栃木山も栃錦もとにかく優しく頭の回転も良くて、しゃれた会話のできる人だった」と友宏さんは語る。

現在、大和家は総勢一四人で切り盛りしている。「お茶屋の若い衆が、裁着《たっ》袴《つけばかま》という出で立ちでお客様をお席まで案内することは他に例がなく、いわゆる文化遺産のようなものではないでしょうか」と和子さんは語る。大和家を継承してすでに十九年目となる友宏さんは、「この雰囲気を守ることで昔ながらの気分を味わえる唯一の場所が国技館での相撲観戦であると思うので、このまま続けていってほしい」と切に願っている。相撲人気復活といわれているが、これが本物の相撲人気といえるのか疑問を感じることもあるそうで「外国のお客様が旅行の行程の一部として日本の相撲を見ているだけで、若者がネットなどの知識で一度は生で相撲を見てみたいという興味本位でしかなく、毎場所のように訪れる人が少ない。昔のように本当の相撲ファンが増えてこそ相撲人気復活といえるのではないでしょうか」と、人気に浮かれることなく冷静な視点も忘れてはいない。そこには幾多の困難を乗り越え、伝統を守り抜いてきた人だけが持つ強さとある種の誇りが感じられる。

四番　吉可和《よしかわ》

最初は寿司屋が本業の出方衆である吉川金治郎が経営していたため「吉川」という屋号だったが、大正時代に第二十五代横綱西ノ海（二代目）の井筒親方が譲り受けた。

鉄砲伝来の種子島から明治三十三年（一九〇〇）一月に初土俵を踏み、組

西ノ海嘉治郎《にしのうみかじろう》

第25代横綱／井筒部屋

本名	牧瀬→近藤休八
生没年月日	1880年2月6日– 1931年1月27日
出身地	鹿児島県西之表市
幕内成績	106勝38敗27分9預70休
優勝回数	1回
番付	初土俵　1900年1月場所 新入幕　1906年5月場所 新大関　1910年1月場所 新横綱　1916年5月場所 最終場所　1918年5月場所
得意手	左四つ、寄り
身長／体重	185cm／139kg

んでよし、離れてよしの典型的な四つ相撲で三十六歳で遅咲きの横綱になった西ノ海。土俵上の風格や体格は横綱らしく実に堂々としていた。引退後は指導力の高さで第三十代横綱西ノ海（三代目／源氏山改め）、大関豊国、関脇錦洋《にしきなだ》、小結宮城山など数多くの関取を育てた。相撲協会でも要職を務め、大正十二年（一九二三）三河島事件の後の不遇の時代を支え、大阪相撲との合併問題にも尽力して相撲界の貢献者となった。

西ノ海の養女文子と結婚したのが加賀錦で、一男一女をもうける。その長女節子が関脇鶴ヶ嶺と結婚して三人の息子を持った。三人が角界に入門し「井筒三兄弟」として活躍したことは相撲ファンなら記憶に新しいところだろう。

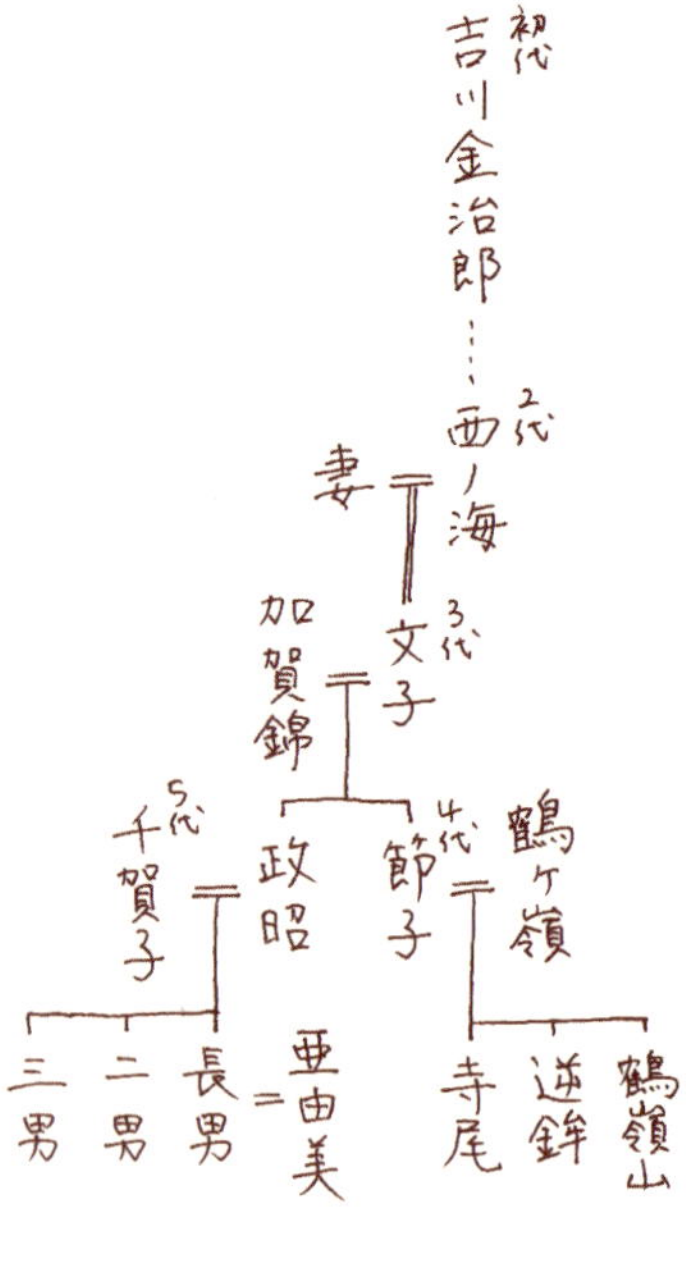

現在は文子の長男政昭の妻である寺尾千賀子さんがおかみを務める。そもそも、相撲茶屋は娘が継承することが多く、茶屋に娘が生まれると「お赤飯を炊いて喜ぶ」といわれていた。本来ならば、長女である節子さんが継ぐ予定だったが、井筒三兄弟といわれた鶴嶺山・逆鉾・寺尾の母である節子さんは四十歳という若さで亡くなったので、全日空に勤めていた長男の妻である千賀子さんに白羽の矢が当たったのだ。

鶴嶺山宝一《かくれいざんほういち》

十両2枚目／井筒部屋

本名	福薗好政	
生年月日	1959年11月24日	
出身地	鹿児島県姶良市	
十両成績	40勝48敗17休	
番付	初土俵	1975年3月場所
	最終場所	1990年1月場所
得意手	？	
身長／体重	182cm／122kg	

逆鉾伸重《さかほこのぶしげ》

関脇／井筒部屋

本名	福薗好昭	
生年月日	1961年6月18日	
出身地	鹿児島県姶良市	
幕内成績	392勝447敗16休	
番付	初土俵	1978年1月場所
	新入幕	1982年11月場所
	最終場所	1992年9月場所
得意手	左四つ、モロ差し、寄り	
身長／体重	182cm／124kg	

寺尾《てらお》常史《つねふみ》

関脇／井筒部屋

本名	福薗好文	
生年月日	1963年2月2日	
出身地	鹿児島県姶良市	
幕内成績	626勝753敗16休	
番付	初土俵	1979年7月場所
	新入幕	1985年3月場所
	最終場所	2002年9月場所
得意手	突っ張り、右四つ	
身長／体重	186cm／117kg	

ＣＡだった千賀子さんが急きょ、茶屋のおかみ修行を始めたのは三五年前。逆鉾や寺尾の祖母であった文子さんはとても厳しい方だったそうで、文子さんがおかみの座につくと出方さんたちは同じ場所には決して座れなかったほどだった。その厳しい義母に教え込まれた千賀子さんは一本筋の通った気っぷのいいおかみである。「うちは礼儀正しいことが自慢」と言うだけあって、お客様が店の前に来たら、全員が立ち上がる。周囲から「四番の出方はいつも走っている」と言われるほどで、注文を聞いたらすぐにお客様に届けることをモットーにしているそうだ。

千賀子さんは草履の音でどの出方さんかがわかるらしい。文子さん仕込みで、すでに出方さんを全て把握するほどの凄腕である。そしてここの出方さんたちには源氏名があるのも特徴。縁あって「吉可和」の出方さんになると、その日から名前ではなく「松吉」「竹吉」などの源氏名がおかみさんからもらえる。信頼のおける番頭と松吉以下五人の出方の精鋭がそろって吉可和を支えている。松吉さんは出方歴二二年のベテランで、お客様の土産物に関しても「このお客様は先場所この土産をお渡ししたから今回はこちらにしよう」とか、お客様の飲み物の好みまでしっかりと頭にたたき込んでいる。

千賀子さんも「出方さんは頭が良くないと務まりません。お客様と直に接する出方さんは茶屋にとっての宝物です」と話す。出方さんたちは席によって担当が決まっているので担当外のお客様から頂いたご祝儀は必ずその担当の出方に渡すのがこの店の流儀になっていて〝ギブアンドテイク〟の精神が息づいている。

「お客様と出方さんが仲良くなってくれることが理想です。おかみ、番頭、出方と一人ひとりがそれぞれの仕事を率先してやっていかないと仕事は成立しない」と語るだけあり、場所中の午後二時三十分から幕内土俵入りが終わる四時半頃まではまさに戦場となる。

出方さんたちが走り、その足音によって指示を出すおかみさん。その横で見習いとして長男の妻である亜由美さんが今、昔の千賀子さんと同じように座っている。結婚前は航空会社に勤務していたのも千賀子さんと同じだ。

「今は若い女性ファンも増えて時代も変わり、昔のやり方が通じない部分もありますが、お茶屋に関しては変えなくていいこともあると思うのです」と語る千賀子さんは、お得意様に毎場所送る番付表の宛名も一枚一枚手書きしている。多忙なので住所くらいパソコンで印刷してもいいのではと言うと、「どんなに忙しくて大変でも、手書きにすることが私のこだわりなんです。一枚一枚書くことでお客様の顔が見えてきます」と語り、厳しい先代からしつけられたおかみさんとしての心意気を感じた。

「お客様を待たせない」をモットーに、今日も四番は走っている。

五番　みの久《きゅう》

華やかな茶屋通りのまん中にある五番案内所の前に立つと、ひときわ華やいだ雰囲気が漂ってくる。十五代目の京子さんが八十歳とは思えぬ美しさで座り、その隣に手伝いとして長女のゆう子さん、さらにその後ろにゆう子さんの娘がアルバイトで座っているのだ。みの久には華やかで温かい空気が漂っている。

初代の小林久太郎が台東区三ノ輪に住んでいたことから「みの久」と名付けられたこの店は、その長女かねが行司の木村一学と結婚し、長男が経営していたが、代を継ぎ、今の

おかみさんで十五代目となる。「昔のことは詳しくはわからないんですが……」と語る京子さん。

十三代目の小林勝子さんは気丈で明治の女そのものだったそうだ。九十歳まで現役を務め、両国で一人暮らしをして場所中はタクシーで国技館に通い、いつも着物姿で凛としていた。おかみ引退後は家族に見守られて百二歳で長寿を全うしたという。子どもがいなかったので養子に入った勇さんが十四代目を継承し、国技館サービスの元社長も務めたが二十六年前に亡くなったので、妻の京子さんが十五代目として引き継いでいる。浅草育ち浅草生まれの京子さんは、十三代を見習って一五日間着物姿で国技館に通っている。娘のゆう子さんは三年前から母の手伝いと

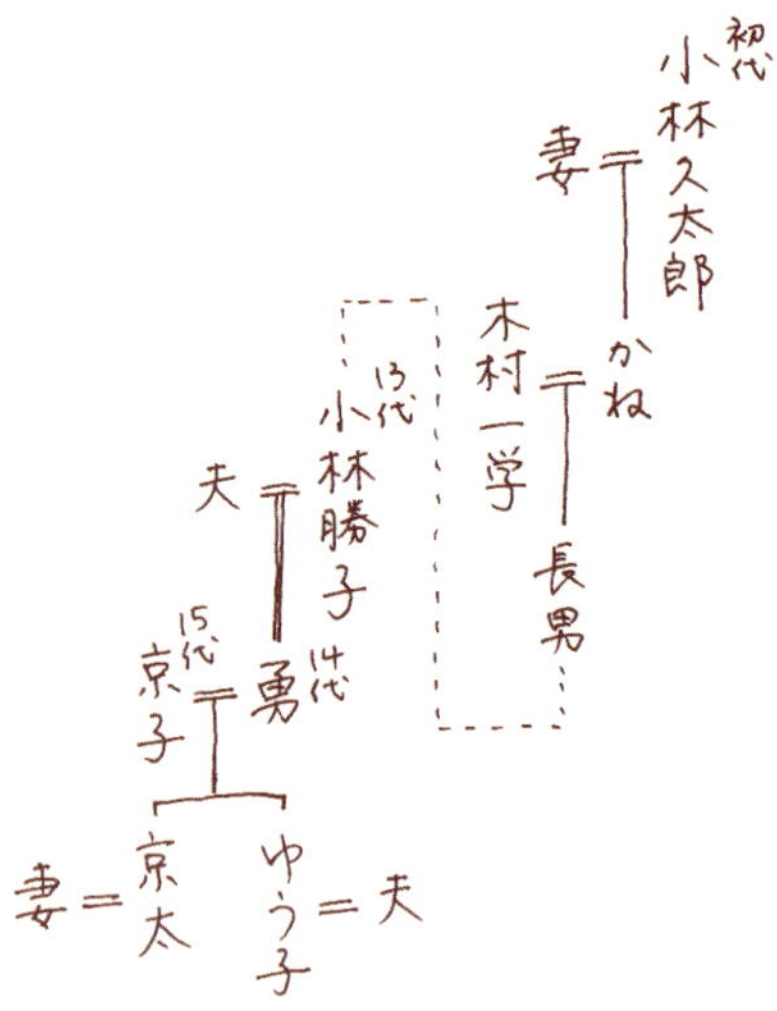

して座り、五月場所から手伝うようになった二十五歳の娘さんとともにみの久を華やかに支えている。十三代の勝子さんの頃からみの久の出方として入り、すでに四〇年以上勤め現在六十六歳になる大吉さんは「入った頃はまだ若かったので、京子さんがゆう子さんを連れて見習いに来ていた時に、ゆう子さんをおんぶしたこともあった。それがもうこんな立派な娘さんがいるなんて、時代の流れを感じるね……」としみじみと嬉しそうに語る。一年の半分、東京場所の時にしか会わない間柄とはいえ、お茶屋家族と出方さんたちは親戚以上の関係なのだという。京子さんを中心に帳場は長女のゆう子さんが、経理は長男の妻のかおりさんが担当し、まさに家族全員でみの久を営んでいるのだ。

みの久のお客様には以前、美智子皇后のご両親もいて、よく観戦にみえていたそうだ。相撲部屋では三保ヶ関部屋や北の湖部屋とのつきあいがあって、横綱北の湖との思い出は数多いという。

熱心なお客様は午前中から観戦に訪れるので、総勢一〇人が一丸となって盛り立てている。今の相撲人気にも決して浮かれることなく以前と変わらぬサービスを心がけ、「相撲観戦を楽しんでいただけるようにお手伝いができれば」と三世代が瞳を輝かせて力を尽くしている。

京子さんは「景気の善し悪しではなく、相撲内容で相撲人気は変わってくると思います。今のように相撲内容が良かったら皆さん満足して帰られる。打ち出し後に満足顔のお客様の表情を見るだけで相撲を見ていなくても満足されたとわかります」と言い切る。長年、相撲界の浮き沈みを見てきたお茶屋ならではの言葉には説得力がある。土俵の充実、さらには若手の台頭が相撲人気をつくり、何よりも相撲界の未来につながっていき、その先にお茶屋の繁栄があるのだと改めて感じた。

六番　中《なか》橋《ばし》家《や》

場所中の午後三時、客足が増してくる中橋家に、一刻も早く相撲が見たいと先を急ぐお客様の中に無表情な四人の青年がやってきた。出方に案内されていく後ろ姿を見ていると、明らかに〝相撲に興味なし〟といった印象だった。相撲人気に沸いている今ではあまり見かけないが、少し前までは、時折見かけた光景でもあった。そんな若者を見る度に、中橋家のおかみさんはしみじみ「若い世代にファン層を広げたい」と痛感していたという。が、そんな若者たちも、結びの一番が終わり打ち出し後に土産物を取りに来た時の表情は明らかに一変していた。相撲の魅力に触れ、興奮気味な明るい表情の青年にすかさず、「お相撲

はいかがでしたか?」と聞くと、彼らは声をそろえて「面白かった! また来たいけど、高くて自分たちでは見に来られない」と言ったそうだ。どうやら今日は親にもらった席だったようである。「自分の力で来られる社会人になって、また相撲を見にいらしてくださいね」と言うと、「はい」と元気な声が返ってきた。こんなやりとりが茶屋のおかみさんとしての喜びと語る錦島直枝さん。

天保時代から続く中橋家は、大正末頃、元関脇大蛇潟粂蔵である錦島三太夫の妻チヤが譲り受けた。昭和七年(一九三二)の春秋園事件(天竜一派の脱退事件)が起こった際に、理事としてその手腕を発揮し、粂蔵の弟子の大関能代潟《のしろがた》との師弟愛が後に『錦島三太夫』と題され明治座で新派公演になったほどの人物で「無学の偉人」と称された。チヤさんの死後は長男の正一さん

大蛇潟粂蔵《おろちがたくめぞう》

関脇/錦島部屋

本名	宮腰→錦島粂蔵	
生没年月日	1891年4月15日–1933年5月15日	
出身地	秋田県能代市	
幕内成績	69勝76敗8分5預32休	
番付	初土俵	1905年1月場所 序ノ口
	新入幕	1910年6月場所
	最終場所	1919年5月場所
得意手	左四つ、寄り	
身長/体重	175cm/113kg	

の妻法子さんが経営に当たった。NHKのアナウンサーだったという法子さんは、竹を割ったような気質で茶屋のおかみとして奮闘していたが、平成十年（一九九八）、急逝する。二人に子どもがいなかったので、法子さんの妹の直枝さんが継承することになった。姉がおかみだった時代から手伝っていたので、すでに五十余年この仕事に従事していることになる。姉からバトンタッチされたのが平成十年。世の中はバブルがはじけ不況の真っ只中、その頃、相撲界も不祥事続きで一番苦しい時に継承してしまったのだ。

「一場所一五日間働いても持ち出しの精算をしなければならない時期も経験したが、相撲を見終えたお客様の喜ぶ笑顔と多くの人たちとの出会いに救われました」と明るく語り、元気に中橋家の大黒柱として切り盛りしている。

今では番頭一人に出方五人、帳場三人の総勢九人を抱えるおかみさんだ。

「苦しい時に継承しましたが、今はようやく相撲人気も高まって、打ち出し後には相撲案内所の通路の気温が上がるくらいの熱気がありますよ」と嬉し

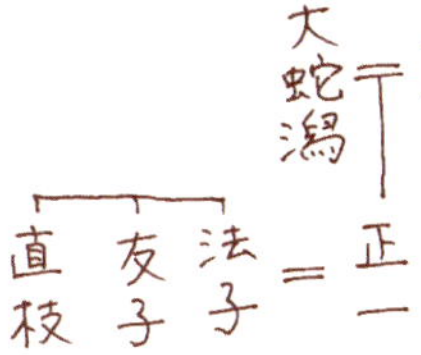

そうに語る。

案内所の華やぎに「こんな世界があったんだ」と語る若い女性たちや、積み上げた土産物を見て「儲かるだろうな」と言って帰るおじさまたちの声を聞いても、笑顔で「外見だけでも景気よく見えるくらいがちょうどいいんです」と言いながら「これが少しの見栄」とさらりと話す。粋なおかみさんの言葉に苦しい時の相撲界を支えてきたお茶屋の心根が垣間見えた。

国技館には出世稲荷と豊國稲荷が祀られ、初場所後には稲荷祭〔一二七頁参照〕が行われる。以前は、両国界隈の消防署、警察や商店の代表者など地元の人たちも大勢参加して賑やかだったが、今ではお茶屋と協会関係者のみでひっそりと行われている。「こういった催しも以前のように多くの方が参加できるようになれば、両国の町に相撲がもっと根付いていくのではないでしょうか」と熱く語るおかみさんは、相撲が広く親しまれることを心から願っている。相撲界に生きてきた女性の熱い想いが伝わってきた。

七番　和歌島《わかしま》

平成二十九年（二〇一七）、大相撲九月場所から和歌島の代表となった松井潔孝《きよたか》さんは、北の湖時代に関脇として活躍した福の花の長男だ。

母の智子さんに代わって四代目として和歌島を守っていくことになった。潔孝さんは幼い頃、祖母と母が茶屋で働く姿を蔵前国技館時代から見て育ってきた。子どもの頃は蔵前国技館が遊び場で、友だちと一緒に早い時間から桝席に座って相撲を見ていたという。父の相撲はほとんど記憶になく、「力

士になれ」とは一度も言われなかったそうだが、「父が出羽ノ海部屋だったので、子どもの頃、部屋に遊びに行くと、半ば強制的に廻しを締めさせられた記憶がかすかにある」と言う。小学校までは力士になりたいと思ったこともあった潔孝さんだったが、中学になってラグビー部に所属してからは相撲から疎遠になってしまった。明治大学付属中野中学時代は貴乃花親方と同級生でクラスメートだった。同級生の活躍をまぶしく見つめた青春時代でもあった。大学までラグビーをしていた潔孝さんは、大学卒業後、サラリーマンになったが、手に職をつけたいと転職して国家資格である鍼灸・マッサージ師になった。十四年前から北千住で「鍼灸・指圧マッサージ指庵」という治療院を営んでいる。地元で親しまれている腕利きの治療院でなじみの患者さんたちもたくさんいるので、九月場所からしばらくの間は茶屋と治療院の二足のわらじを履いて頑張るという。

和歌島は明治時代、旧両国国技館開館時に河合保五郎という出方が選ばれて茶屋の株を持ったのが始まり。当初は、「島又」の屋号で開店し、昭和の初めまで俣五郎の娘二人が切り盛りしていたが、双葉山全盛時代に小結として活躍していた出羽ノ海部屋の和歌島三郎が継承することになり、昭和十二年（一九三七）頃に屋号を「島又」から「和歌島」に改めた。小結和歌島は相撲の天才といわれ、思い切りのいい相撲で大関の素質がありながら稽古嫌いが災いして小結で終わったといわれている。当時としては珍しく明治大学柔道部出身の力士だった。勝負度胸の良さは天下一品で、右四つからの自由自在な投げは「天才児」と呼ばれるほどで人気者だった。常に幕内上位を維持できるぐらいの実力者で幕内勝率五割を誇り、引退前の場所で滅多に投げを喰わない照國を上手投げで投げ飛ばし、衰えは見えなかったが十五年（一九四〇）に潔く引退して相撲茶屋の経営に専念した。

昭和三十六年（一九六一）に亡くなった後は、静江夫人が和歌島の二代目

和歌島三郎《わかしまさぶろう》

小結／出羽ノ海部屋

本名	松井三郎
生没年月日	1906年9月22日–1961年3月4日
出身地	和歌山県日高郡
幕内成績	149勝145敗4休
番付	初土俵　1923年1月場所
	新入幕　1929年1月場所
	最終場所　1939年5月場所
得意手	右四つ、寄り、上手投げ
身長／体重	179cm／105kg

を継承した。夫妻には子どもがいなかったので、山形県出身で静江夫人の姉いせよさんの娘である智子さんが養女となっていた。お見合いの末、智子さんと元関脇福の花は結婚して、福の花は婿養子となった。

静江さんが亡くなった後は、智子さんが三代目おかみとして務めていたが、昨年、智子さんが体調を崩し、九月場所から長男の潔孝さんが四代目となる。

九月場所は一五日間、朝から国技館に通い、茶屋代表としての初土俵を踏むが、「一日も早く仕事を覚えて皆さんに迷惑をかけないようにしたい」と意欲を見せる潔孝さんは、今の相撲人気についても「ここでしっかりとお客様をつかむことが大切だと思う。茶屋としてまた来たいと思わせる努力をし続けることが必要」と話し、伝統ある茶屋に新たな風を吹かせてくれるので

福《ふく》の花孝一《はなこういち》

関脇／出羽海部屋

本名	福島→松井孝一
生年月日	1940年7月1日
出身地	熊本県合志市
幕内成績	421勝466敗28休
番付	初土俵　1958年1月場所
	新入幕　1965年9月場所
	最終場所　1975年11月場所
得意手	突き、右四つ、吊り
身長／体重	183cm／135kg

はないかと期待を抱かせる。

今はまだ何もわからないことばかりだと言うが、持ち前の粘り強さと、子どもの頃からなじみの番頭さんや帳場の方たちに支えられながら、潔孝さん率いる新しい和歌島が船出した。

八番　上州家《じょうしゅうや》

元若松部屋の娘だった松崎安佐子さんが上州家のおかみになったのは昨年（二〇一六）八月八日。母親である四代目友紀子さんが平成二十年（二〇〇八）三月二十五日、五月場所の御免祝い〔一二六頁参照〕を終えた国技館からの帰り道で倒れ、そのまま寝たきり状態になってしまった。五代目を継ぐ予定だった弟も母親が倒れた直後に急逝し、会社勤めをしていた長女の安佐子さんが、急きょ、母の代行者となったのが九年前のこと。

祖父は美男力士として名高かった鯱ノ里で、父は「褐色の弾丸」といわれた房錦という相撲一家に生まれ、若松部屋の娘として力士が身近にいる環境で育った安佐子さん。子どもの頃は蔵前国技館が遊び場だったため、忙しさの中でも「懐かしい世界に帰ってきた」と感じることができた。突然の不幸を案じて、旧知のおかみさんや親方たちが祖父や父の昔話をしてくれたおかげで相撲界の人情味が安佐子さんの心に響き、なんとかここまで走ってこられたのだ。

初代は群馬県出身の関脇稲川政右エ門の妻、まさ夫人で、二代目が富山県出身の小結射水川の妻、のぶ夫人。射水川は明治四十五年（一九一二）一月場所で稲川部屋から初土俵を踏んだが、大正五年（一九一六）二月、師匠の死去に伴って高砂部屋に移籍した。身長一七三センチ、体重九〇キロの小兵ながら回転のいい突っ張りで、横綱栃木山や大関大ノ里を破るほどの実力者だったが、大正十五年（一九二六）五月場所で引退する。

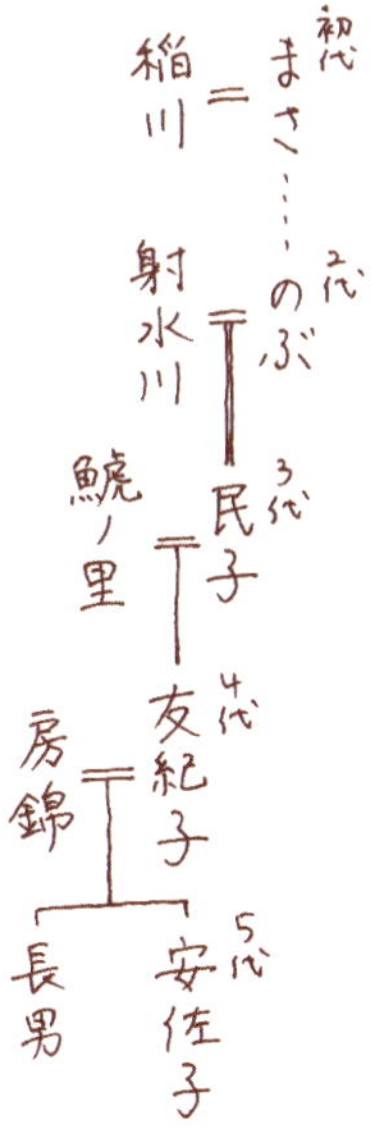

稲川部屋時代に兄弟弟子で同郷だったホテルニューオータニの創始者大谷米太郎氏（鷲尾嶽のしこ名で土俵に上がっていた）がいて、大谷氏の後援のおかげで、上州家は稲川親方夫人からのぶ夫人に引き継がれることとなった。

射水川は、昭和四年に高砂部屋から独立して若松部屋を再興し、鯱ノ里、若嵐を育てた。夫妻に子どもがいなかったので、射水川の親戚筋の民子を養女として迎えた。その民子が美男力士として女性に人気だった鯱ノ里と結婚する。

名古屋出身の鯱ノ里は昭和四年（一九二九）に初土俵を踏み、昭和十二年（一九三七）に新入幕、腰が重く横綱玉錦と水入りになるほどの大相撲を取ったこともあった。幕内を十年務めたあと昭和二十二年（一九四七）に引退し、西岩を襲名。昭和三十一年（一九五六）、先代の死去に伴い若松部屋の師匠になり、関脇房錦のほかに「潜航艇」の異名を持った関脇岩風や大鷲など実に個性的な力士を育てた。孫の安佐子さんは「社交的で料理上手な祖父で、年を取っても、とても格好良かった」と幼心に記憶しているそうだ。

当時の式守錦太夫（行司）の長男が力士として昭和二十七年（一九五二）一月場所から角界に入門した。初土俵では、それほど体も大きくなかったので、本名の桜井から「小桜」としこ名を付けられた。ちなみに弟がのちの第二十九代木村庄之助である。小桜は「房錦」にしこ名を変えて、昭和三十二年（一九五七）五月に二十一歳の若さで新入幕を果たす。立ち合いの鋭いぶちかましとスピード感あふれる相撲で優勝争いに絡み、十四日目には三役格行司

射《い》水川《みずがわ》健《けん》太《た》郎《ろう》

小結／高砂部屋

本名	麻井→松崎健次
生没年月日	1894年5月10日−1956年2月3日
出身地	富山県高岡市
幕内成績	53勝50敗1分1預31休
番付	初土俵1912年1月場所新序 新入幕　1920年1月場所 最終場所　1926年5月場所
得意手	上突っ張り、右四つ
身長／体重	173cm／90kg

鯱《しゃち》ノ《の》里一郎《さといちろう》

前頭3枚目／若松部屋

本名	加藤→松崎一雄
生没年月日	1914年8月11日−1981年5月21日
出身地	愛知県名古屋市
幕内成績	84勝137敗1分1預5休
番付	初土俵　1929年1月場所 新入幕　1937年1月場所 最終場所　1947年6月場所
得意手	左四つ、上手投げ、寄り
身長／体重	179cm／130kg

である父の式守錦太夫から勝ち名乗りを受けた。この話は、昭和三十三年（一九五八）に大映から『土俵物語』というタイトルで映画化もされた。

大鵬と柏戸にめっぽう強く「柏鵬キラー」と言われて金星六個を持つ関脇だった。師匠である鯱ノ里の長女で「両国小町」と言われた友紀子さんと結婚して一男一女を授かり、昭和四十二年（一九六七）に引退し、その後、若松部屋を継承した。

茶屋経営は昭和四十五年（一九七〇）六月七日に先代射水川夫人が亡くなって鯱ノ里夫人である民子さんの代となってから、娘の友紀子さんが隣に座るようになった。友紀子さんは娘時代から蔵前にも顔を出していたので、「蔵前小町」とも言われるほど評判の美人だった。

三代目の民子さんから四代目として引き継いだのは平成十八年（二〇〇六）十二月。四代目のおかみとして友紀子さんが国技館に通えたのは平成二十年

房錦《ふさにしき》勝比古《かつひこ》

関脇／若松部屋

本名	桜井→松崎正勝
生没年月日	1936年1月3日– 1993年7月21日
出身地	千葉県市川市
幕内成績	352勝391敗7休
番付	初土俵1952年1月場所 新入幕　1957年5月場所 最終場所 1967年1月場所
得意手	右四つ、寄り
身長／体重	176cm／118kg

（二〇〇八）初場所までのわずかな期間だけであった。

母の看病と上州家のおかみ代行者として無我夢中で走ってきた八年間。

昨年八月八日に正式に五代目となった安佐子さんは、先輩おかみさんたちを見習って、ベビーカーや冬場のコートを預かるなど、お客様への気配りには細心の注意を払っている。

出方さんたちにも「お客様の立場に立って考えてください」と常に話している。国技館に初めて来たお客様にとっては、見るもの全てが初めてなので、歩きながら説明を受けても頭に入ってこないし、トラブルの元になりかねないから、「お客様のためにも歩きながらの説明ではなく、落ち着いて席に着いてから説明してください」と常々伝えているそうだ。

「人のつながりと縁を感じて、私は今、生かされているのだと思います」と言う安佐子さんは、二〇軒ある茶屋の中で女性では一番若いおかみさんになる。「先輩おかみさんたちからお茶屋の昔話をたくさん聞きたいし、もっといろんなことを吸収したい」と意欲的で勉強家だが、他のおかみさんたちのように今、着物を着ることはない。相撲界でいうところの「まだ顔じゃないから」だと笑う。

今年、富山県高岡市役所に保管されていた射水川が大正時代に締めていた化粧廻しを相撲博物館に寄贈した。百年以上前に締めていたという廻しは貴重で家宝ものだが、「より多くの方が見てくださり、射水川という力士がいたことを知っていただければありがたい」と話す安佐子さんの表情からは相撲愛が迸《ほとばし》る。

場所と場所の間には、出方さんたちと一緒にアルバイトに来てくれた若手の俳優の芝居を見に行くこともあり、相撲部屋で育った人ならではのおかみさんとしての気配りの細やかさをもつ。

「直接、お客様と接する出方さんたちには『上州家』の看板をしょっているつもりでやってもらいたい」と毅然と語るその顔を見ていると、安佐子さんの着物姿が見られる日も近いのではないかと感じる。

九番　西川家《にしかわや》

「いってらっしゃいませ」と言う元気な若いおかみさんの声が九番の西川家から響く。西川家に来たお客様はこの言葉でいつも送り出される。

　昨年一月からおかみさんになったばかりの大上戸《おおかみど》理恵さんは、「主人の母（初枝さん）が八十三歳までおかみさんとして、ここを切り盛りしていたので、

急きょ、継承することになってまだわからないことばかりです。店の皆さんのおかげでここまで来られました」と実に控えめにこの一年を振り返る。

　西川家は、文政初め一八一八年からある老舗。先代の初枝さんの前におかみを務めていたのは、六

十数年、茶屋を切り盛りしてきた、初枝さんの母のハルゑさん。ハルゑさんが二十二歳の時、立浪親方（元小結緑嶌《みどりしま》）から吉野山という力士との縁談を勧められた。

富山県出身の吉野山は、うっちゃりが得意で、横綱常ノ花を三回もうっちゃったことがある。弟弟子で、不世出の大横綱となった双葉山は大関時代までうっちゃりが得意だったが、兄弟子吉野山の座布団運びをしながら土俵下で相撲を見ていたことから、「双葉山のうっちゃりは吉野山譲りではないか」と言われた。二十九歳で幕内に昇進するという遅咲きの関取でもあった。

関取夫人となったハルゑさんは、「少しは生

吉《よし》野《の》山《やま》要《よう》次《じ》郎《ろう》

前頭筆頭／立浪部屋

本名	大上戸 要次郎
生没年月日	1896年1月3日–1956年2月6日
出身地	富山県黒部市
幕内成績	120勝193敗2預
番付	初土俵　1916年1月場所 新入幕　1925年1月場所 最終場所 1933年1月場所
得意手	左四つ、押し、のど輪、うっちゃり
身長／体重	175cm／92kg

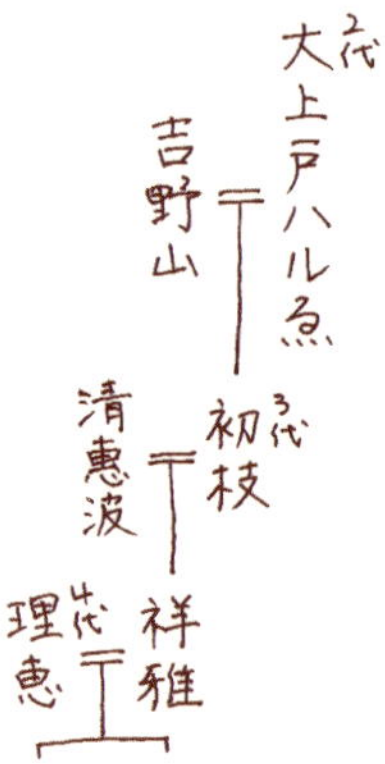

活も楽になるのではないか…」と思ったが、それもつかの間、当時一月と五月しか東京にいなかった関取は一年の大半を地方場所や巡業で過ごして帰ってくるが、いつも財布は空っぽ。ハルゑさんは質屋通いをして家計を支えたという。ときには化粧廻しまで質入れし、場所になると贔屓筋に助けてもらって化粧廻しを出してくるというような綱渡りの生活をしていた。

そんなハルゑさんが相撲茶屋「西川家」を譲り受けたのは昭和六年（一九三一）。行司の式守伊之助（第十二代）夫妻が年を取ってきたので「茶屋をやってみないか」とハルゑさんに声をかけ、吉野山の引退も近くなってきていたこともあり、将来を見据えて、多額の借金をして買い取ることにしたという。しかし、その直後に相撲界に春秋園事件が起こり、景気悪化も重なって、切符が売れずに随分困ったそうだ。しかし、やり手のハルゑさんは、春秋園事件で客足が減り桝席を手放す人たちから切符を買い集めて、西川家の持ち席を多くしていったという。先見の明があり相撲愛が深いハルゑさんでなければ、なかなかここまで思い切ったことはできなかっただろう。

とはいえ、お酒が好きで面倒見のいい吉野山だっただけに、生活は決して楽ではなかった。当時、吉野山の現役時代のご贔屓筋に花島という運送業者がいて、場所ごとにご祝儀を頂き、さりげなく一斗樽を店の前に置いていってくれた。その樽目当てに力士たちが取組後にいっぱい引っかけて帰ってくれたりして茶屋を盛り上げてくれたという。昭和十年代になって、双葉山、羽黒山、名寄岩《なよろいわ》の立浪三羽烏が日の出の勢いで人気者となり、国技館は連日大入り満員となってようやくどの茶屋も潤ってきたそうだ。しかしその後、敗戦、時代の転換期を迎える。

「戦後の相撲界を生死をかけて闘ってきた。財政逼迫で力士も食うや食わずの状況の中、なんとしても相撲界を興隆させたいというみんなの強い意気込みがあった。これだけは決して忘れてはならないと祖母はいつも語っていました」と理恵さんは言う。暗く苦しい時代をぶれることなく相撲を信じて生き抜いてきた先人たちがいたからこそ今がある。

西川家は、ハルゑさんの代から六〇年ほど帳場を守る人や、この道五五年の出方さんなどベテランぞろいだ。番頭さんは、「できるだけお客様のニーズに応え、楽しく観戦していただけるように若い衆にはこまめに聞きに行ってもらっています」と細やかな気配りを後輩たちにも指導する。番頭さんをはじめ帳場さんや出方さんたちに支えられながら、おかみとして日々進化している理恵さんは、祖母のハルゑさんとどこか似ている気がする。

控えめさの中にもぶれない相撲への情熱が、祖母のハルゑさんを彷彿とさせる。周囲に支えられながら実に自然体で、西川家を笑顔で守り続けている。

十番　三《み》河《かわ》屋《や》

明治四十二年（一九〇九）の旧両国国技館開館時に新設された六店のうちの一店。二代目の中立《なかだち》むめは、協会理事の根岸治右衛門の妹で、名大関として人気者だった伊勢ノ濱慶太郎の妻。父は明治十年後半から二十年前半に幕内を務めた伊勢ノ濱荻右衛門。親子二代の関取で、息子は怪力で鳴らした江戸っ子大関だった。

小兵ながらも親譲りの怪力で機敏な取り口は人気があり、土俵態度も立派で大関としての風格は充分だった。現役時代から趣味で小説を書くほどの頭脳明晰な人物で、大関引退後は中立親方となり理事を務めた。

昭和三年（一九二八）、その中立親方が四十四歳の若さで亡くなる。むめ夫人は夫亡き後も、女の細腕ながら茶屋のおかみとして奮闘し、出方衆も全員がお客様を大切にすることをモットーとしていたので、お客様から「気持ちよく観戦ができる」と評判だったそうだ。

客筋は故人大関伊勢ノ濱と縁の深い実業界の名士が多く、健気に働くむめ夫人やまだ幼い子どもを助けるという気風があって繁盛していたという。

昭和二十二年（一九四七）、復員した先々代の中立雄三は戦後初めての組合長として二〇軒のお茶屋をまとめるための会社作りに尽力した人だ。今のおかみの秀子さんは昭和五十九年（一九八四）から代表となり七代目になる。

三河屋の朝は、午前十時三十分にお客様の顔ぶれを見て、土産物をチェックすることから始まる。秀子さんが、「こちらは家族だから同じ物はやめよ

伊勢《い せ》ノ浜慶太郎《のはまけいたろう》
大関／根岸部屋

本名	中立慶太郎
生没年月日	1883年11月9日– 1928年5月17日
出身地	東京都墨田区
幕内成績	98勝82敗9分13預58休
番付	初土俵　1902年1月場所 新入幕　1906年5月場所 最終場所　1919年1月場所
得意手	左四つ、寄り、上手投げ
身長／体重	168cm／105kg

う」とか、「会社や遠方の方にはあんみつなどの生ものは避けましょう」などと長年の経験からきめ細かい心配りをして最終チェックしていく。その後、午後一時頃に、地下の食堂で簡単に昼食を済ませ、二時頃からはお客様を迎える準備に入る。

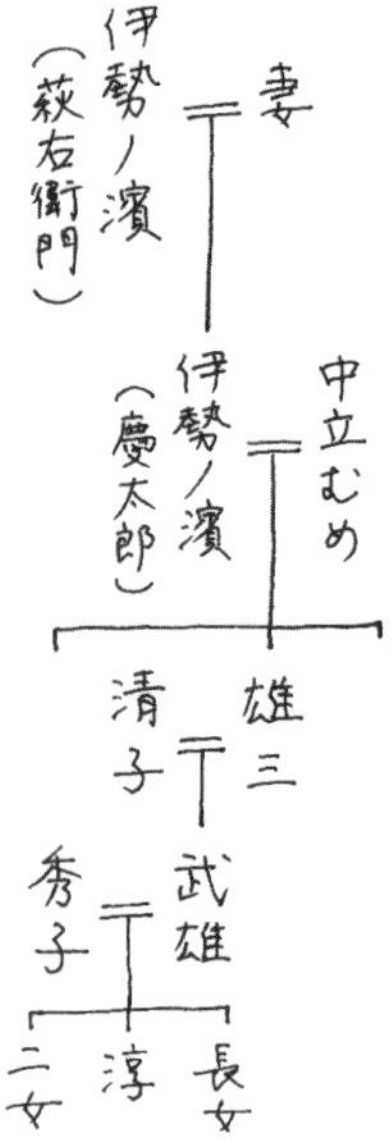

三河屋のおかみは、「いらっしゃいませ」とは言わず、「お元気でしたか」と声をかけるそうだ。これは、お客様一人ひとりに合わせて近況を聞いたりして、できるだけ個人的な会話をするように心がけているからだという。お客様の中には三代続けて社長をしている五〇年以上のつきあいになる方もいる。

昔からのつきあいなので「会社が大きくなったよ」と報告してくれるお客様もいて、長年のおつきあいならではの会話が何より嬉しいと話す。平日は総勢一二人（番頭、若い衆七人、台場一人、事務三人）で、土日だけはアルバイトを頼んでいるという。

まだ蔵前国技館だった頃、ある会社の運転手をしていた方で、社長が取引先の接待で相撲観戦をしている間、車の中で待っている自分のところに焼き鳥のにおいだけが届き、そのにおいを嗅ぎながら「自分もいつか国技館に人を招待できる立場になりたい」と思い続け努力し、実現させた方がいる。

また、中にはたばこをやめて節約して相撲を見に来るという方もいたり、がんで余命何年と宣告されても毎場所相撲観戦に来る方もいる。人それぞれ限られた予算の中で最大限に楽しんでいただくことが、お茶屋としてのおもてなしだと秀子さんは語る。「今日は来て良かった」と言ってもらえることが茶屋冥利に尽きるという。

秀子さんは、五月場所を見る前に亡くなった方の仏前に番付を送った。細やかで優しい三河屋の心遣いがここにある。

不祥事で相撲人気が落ちてしまい、切符が売り切れず残ってしまった時はとても苦しかったと振り返る。売れなかった分を一度返すとその席は次回から取れなくなってしまうので、無理をしてもできるだけ工面して席を確保しようと、当時は必死だった。その努力の甲斐あって、稀勢の里が横綱となった今はようやく相撲人気も安定してきた。

今こそ、褌《ふんどし》を締め直してより良いサービスをすることが大切だと熱く語るおかみさんは、伝統を重んじながらも新しいことにも挑戦していく強さをもっているような気がする。

「今は、接待だけでなく友人や仲間との親睦を深める場であったり、年に三回しか会わない家族との場であったりと、相撲観戦の四時間余りを存分に楽しんでもらえるような時代になってきているので、これからはさらにお客様に寄り添ったサービスを心がけることがお茶屋にとっては大切なことだと思う」と語る。細やかな心遣いから出てくる会話が三河屋のおもてなしにつながり「また来たい！」と思わせるのだろう。

十二番　上庄《じょうしょう》

「うちは相撲関係者ではないからきっと面白くないよ」と謙遜気味に笑顔で話すのは五代目上庄の代表者鷹中将さん。現在の国技館サービスの社長でもある。

二〇軒あるお茶屋の中で唯一、力士や行司、呼び出しなど相撲関係者ではない茶屋である。

初代は、日本橋で炭屋を営んでいた鷹中庄吉が茶屋で出方として長く働いていたのがきっかけで、千葉県の上総出身だったため、出身地と名前から一字ずつとって屋号にした。鷹中さん曰く、「定かではないが、どこかの茶屋で働いていたことは確か」だそうだ。

明治四十二年（一九〇九）六月に旧両国国技

館が開館した時に、二〇軒のお茶屋が承認されて以来ある茶屋だ。

庄吉の息子である安五郎が鈴と結婚して両国で理髪店を経営していたが、同時に茶屋の二代目も務めた。一〇人の出方が優秀で、お客様への態度も丁寧なので繁盛していたという。

安五郎亡き後、妻の鈴が三代目となり、息子の敏祐も堀切（葛飾区）で床屋を営んでいたが、鈴が亡くなった後に敏祐が四代目として店を継承した。

その息子の鷹中将さんは、幼い頃から祖母の鈴のところに遊びに行っていたので、当時の茶屋のおかみさんたちに随分可愛がられたそうだ。

高校三年生の頃から茶屋の手伝いをしていて、蔵前国技館時代は土産物を風呂敷で包んだり、飲み物を氷の入った水槽で冷やしたりして裏方としての仕事を経験したという。「昔、一月場所ではリンゴを桝席に出していて、そのリンゴを水洗いする時に籾殻が腕について痒《かゆ》かったのを覚えているよ」と当時のことを懐かしそうに話す。

茶屋を手伝っていた時に、相撲サービス（現在の国技館サービス）に勤めていた道子さんと二十四歳で結婚し、二十九歳で相撲サービスに入社した鷹中さんは、平成二十二年（二〇一〇）に父である四代目敏祐さんが引退したことをきっかけに、十一番上庄の五代目代表と同時に国技館サービスの社長となった。現在、店は道子さんに任せている。

社長としての初仕事となった平成二十二年（二〇一〇）年四月の稲荷祭〔一二七頁参照〕の日がたまたま嵐になり、当時の武蔵川理事長（元横綱三重ノ海）から「初仕事が嵐だなんてこの先荒れるぞ」と冗談まじりに言われたが、まさにその言葉どおり、その直後に野球賭博問題、八百長事件問題と相撲協会は最大の危機を迎えた。もちろん、茶屋にとっても厳しい時代を迎えることになる。社長になっていきなり史上最大の危機を迎えた鷹中さんだったが、苦

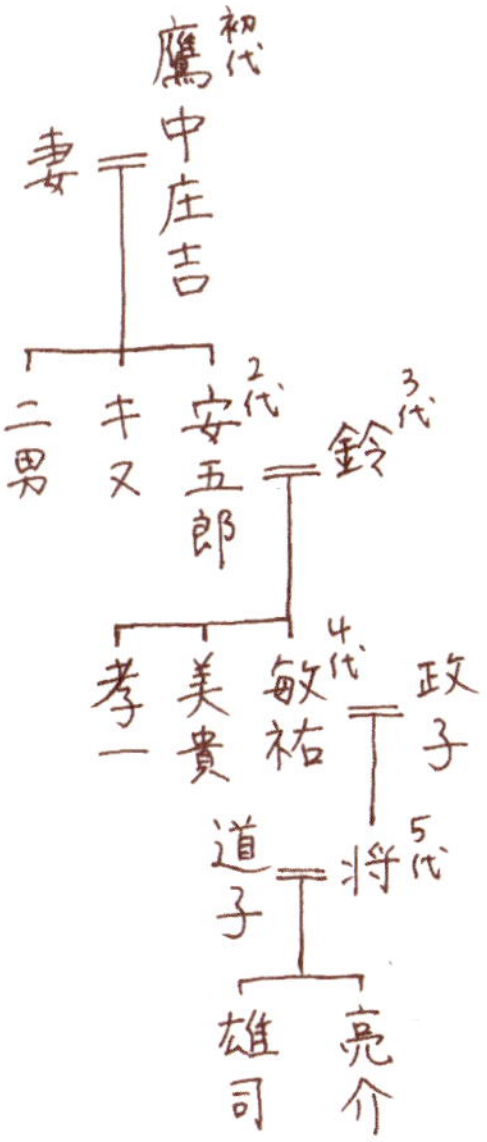

しい時代も二〇軒のどの茶屋も辞めることなく乗り越えて、今ようやく相撲人気を迎えることができている。

鷹中さんには二人の息子さんがいるが、すでに社会人として自立し、それぞれ仕事を持っている。「自分の仕事を辞めさせてまで継がせるのは難しい」と話すが、もちろん、代々継承されてきた店を守りたい気持ちもあり、心中は複雑だ。

茶屋として盤石な体制を作ることができれば、継承問題ももっと明るいものになるのかもしれない。

相撲人気に沸く今だからこそ、人気に左右されない国技館サービス会社としての地盤固めも必要である。相撲協会とともに足並みをそろえながら、それが何かを模索していく。

十二番　四《よ》ツ《つ》万《まん》

東京場所前日、土俵祭りの触れ太鼓が響く中、四ツ万の店先ではおかみの恵津子さんが従業員たちを集めて、翌日から始まる場所の注意や心構えを説くという。父が元武蔵川理事長（元前頭出羽ノ花）、夫が第五十代横綱佐田の山で元出羽海理事長だった恵津子さんは茶屋の娘として生まれ、相撲界で育ってきた。伝統の重みを感じているからこそ「お客様との対応で『四ツ万』

としての心構えをしっかりと伝えることが、出方さんたちが誇りをもってお客様に接することにつながる。常連のお客様にも慣れ慣れしい態度をとってはいけない。甘えのない節度のある行動が大切」と熱く語る。出方さんたちはお母様の代から働いている人も多く、サービスには定評がある。

　江戸時代から続く老舗の四ツ万は明治の中頃、日本橋薬研堀《やげんぼり》で寿司屋をしていた小泉政吉が初代で、回向院の門前にあった七軒あるお茶屋の一つで「上政」という名前だった。政吉が市川信子と結婚し市川家の養子になって、長女マキが相

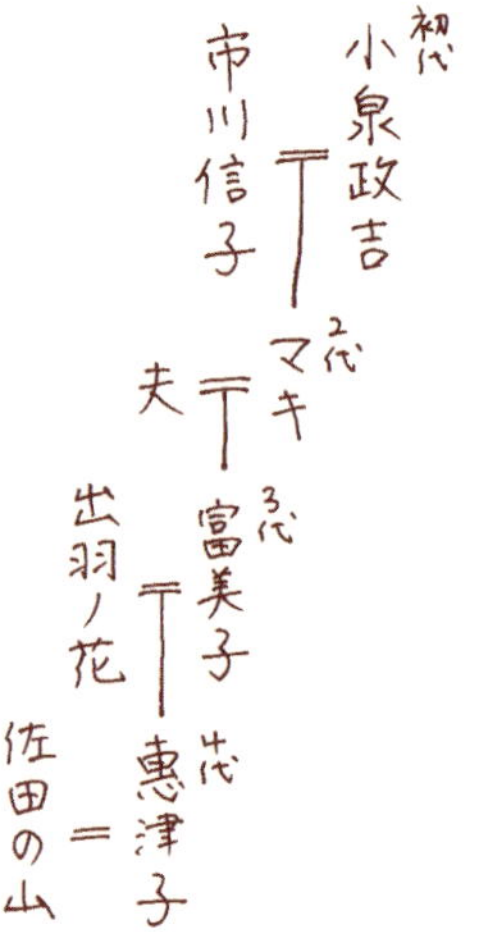

出羽ノ花国市《でわのはなくにいち》

前頭筆頭／出羽ノ海部屋	
本名	駒沢→市川国一
生没年月日	1909年3月1日－ 1987年5月30日
出身地	石川県小松市
幕内成績	68勝77敗44休
番付	初土俵　1925年1月場所 新入幕　1932年2月場所 最終場所 1940年5月場所
得意手	左四つ、寄り
身長／体重	173cm／109kg

撲茶屋を受け継いだ。その頃に屋号が「四ツ万」に変わった。

二代目がマキで、その娘富美子が三代目になる。

二十歳になった富美子は昭和十三年（一九三八）十二月に出羽ノ花（後の武蔵川理事長）と結婚した。色白であんこ型の出羽ノ花は、相撲はおとなしかったが、頭脳明晰な才能を親方となってから存分に発揮する。引退後、巡業部に所属すると簿記やそろばんを習い、進駐軍に国技館を接収された後の昭和二十一年（一九四六）から仮設の蔵前国技館ができる二十五年（一九五〇）までの間は、開催地確保のために事業部長として東奔西走した。資金調達のために富美子夫人も婚礼用の着物までお米に替えて、国技館を復活させようと微力ながら支えたという。

さらに昭和三十二年（一九五七）に国会で「相撲茶屋」が問題となった時には、相撲界の伝統を維持するためにはいかにお茶屋制度が重要かを論理的に語り、居並ぶ代議士たちに反論させることなく相撲茶屋解体の危機を救ったという伝説をもつ。

三代目の富美子さんは理事長夫人として夫を支え、八十三歳まで茶屋のおかみとして現役で店に座っていた。その娘の恵津子さんは大関時代の佐田の山と昭和三十八年（一九六三）四月に結婚し、四十年（一九六五）初場所後に第五十代横綱に昇進した。平幕優勝者は出世しないという角界のジンクスを見事に打ち破った、まさに努力の人であり、柏鵬時代に割って入って横綱として肩を並べた実力者でもある。

若貴時代の空前の相撲ブーム全盛期には理事長となり辣腕を振るった。恵津子さんは、名門出羽海部屋のおかみと理事長夫人として二足のわらじを履いていた頃は、自分の時間などほとんどなかったと振り返る。

当時から寡黙だった理事長は、「茶屋は女房の仕事」と割り切っていたの

佐田《さだ》の山晋松《やましんまつ》

第50代横綱／出羽海部屋

本名	佐々田→市川晋松	
生没年月日	1938年2月18日-2017年4月27日	
出身地	長崎県南松浦郡	
幕内成績	435勝164敗61休	
優勝回数	6回	
番付	初土俵	1956年1月場所
	新入幕	1961年1月場所
	新大関	1962年5月場所
	新横綱	1965年3月場所
	最終場所	1968年3月場所
得意手	突っ張り、右四つ、寄り、上手投げ	
身長／体重	182cm／129kg	

で、夫だからといって口出しすることは一切なかったそうだ。

たった一度だけ、事業部長時代に相撲協会から「茶屋の持っているチケットの一部を協会に戻すように」と言われたことがあった。

長年一五日間通しで買ってくださってきた方たちのチケットを手放すということは、そのお客様にも大変な迷惑がかかることになる。恵津子さんは「お客様の気持ちに立っていないのではないか」と言ったことがある。すると、「他の日で空いている席に入ってもらうようにお客様に頭を下げて埋め合わせしてでも相撲協会のために率先して協力してくれ」の一点張りだったそうだ。一度言ったら曲げない性格も十分に承知していたので、四ツ万は一五日間通しのチケットを二桝合計三〇桝の席を相撲協会にいち早く返却した。

茶屋にとって、お客様との接点はおかみさんではなく出方さんになる。出方さんたちはおかみさんの意図を汲んで勤めているので、おかみさんの「正直な商売、胸を張れるお店。そして楽しく働く」の言葉が四ツ万の信条として従業員一同にも浸透している。

これまで、相撲協会在職の夫と茶屋の間に入って、どれほどの苦労があったか計り知れないが、恵津子さんの表情からはそんな苦労を感じさせない華やかさと同時に、国技を支えてきた女の強さも感じられる。

「お茶屋は、二〇軒の足並みをそろえることが大切」と語る恵津子さんは、周囲から「娘というより嫁に対する接し方」と言われるくらいに厳しく母親からしつけられてきたが、「今はそれがとてもありがたく思えます」と笑う。

今の相撲人気にも「いつまた何が起きるかわからないので決して安心はしていない。気持ちを引き締めて努力していきたいと思う」と冷静に語るその横顔からは「四ツ万」を守り抜く強い覚悟を感じる。

十三番　武蔵《むさし》屋《や》

江戸・寛政時代からある老舗で、明治の中頃までは回向院赤門前で掛け茶屋を営んでいた。当時の茶屋は、通行人や行楽客が一休みできるように赤い緋《ひ》毛氈《もうせん》を敷いた縁台のある店で、隅田川の花火大会やお祭りなどがある時にお弁当を届けたりしていた。

友綱部屋の大関国見山の弟子で、国ノ川という幕下力士だった北村惣一がお茶屋を任され、その後を継いだのが惣一の長女きく江で、平成九

年（一九九七）に亡くなるまで茶屋を守ってきた。

　惣一が友綱部屋の元力士だった関係で、部屋関係の後援者を紹介してもらい、経営は随分助けられたという。

　そして、きく江の後を、弟である二郎が継ぐことになった。

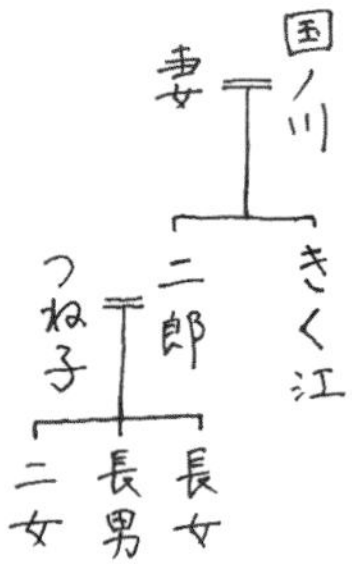

　今のおかみであるつね子さんは、二郎さんと結婚してからの六〇年間、茶屋の仕事に携わってきた。初めは何もわからなかったが、義父惣一に教えられて、見よう見まねで学んできたという。夫の二郎さんが亡くなってから武蔵屋の代表となり、現在はつね子さんの隣に息子さんが座っている。
　おかみのつね子さんは「お客様には思い出に残る相撲観戦をしていただきたい。とにかく楽しんでもらえれば…」と語る。

十四番　白《しら》豊《とよ》

第三十一代横綱常ノ花を祖父に持ち、第三十七代横綱安藝ノ海を父に持つ山野辺啓子さんは元タカラジェンヌだ。

昭和三十年頃、東京の江東劇場で宝塚公演をしていた頃、宝塚歌劇団の生徒たちが出羽ノ海部屋に泊まっていたことがあった。交遊関係の広かった第七代出羽海親方（元横綱常ノ花）が「力士たちも巡業中で留守だから宿として使っていいよ」と懐広く開放したのであった。それが縁で東京公演のある時

は年に一、二回は宝塚歌劇を家族そろって観劇していたという。

出羽海親方には三人の子どもがいて、孫は総勢六人。その六人ともみんな女の子だったので、華やかな宝塚を見せてあげたいと祖父として思ったのだろう。

激動の相撲協会を引っ張り奔走する理事長職を全うしていた出羽海親方にとって、孫たちとの宝塚観劇は唯一の息抜きであり、数少ない家族水入らずの恒例行事でもあった。

出羽海親方の長女道代さんと結婚した安藝ノ海。二人の娘だった啓子さんは、当時の経験が影響して宝塚に憧れを抱くようになった。

幼い頃から日本舞踊を習っていた啓子さんは、友人が宝塚に入団したことがきっかけとなり、宝塚を志し、一年間バレエと声楽を学んだのち、難関を

常ノ花寛市《つねのはなかんいち》
第31代横綱／出羽ノ海部屋

本名	山野辺寛一
生没年月日	1896年11月23日－1960年11月28日
出身地	岡山県岡山市
幕内成績	221勝58敗8分6預68休
優勝回数	10回
番付	初土俵　1910年1月場所
	新入幕　1917年5月場所
	新大関　1920年5月場所
	新横綱　1924年5月場所
	最終場所　1930年5月場所
得意手	右四つ、櫓投げ
身長／体重	178cm／112kg

突破して見事、宝塚歌劇団に合格した。

昭和三十五年（一九六〇）十一月に亡くなった出羽海親方が生きていたら、孫の啓子さんの合格をどんなに喜んだことだろう。啓子さんは子どもの頃から相撲部屋の厳しい稽古を見て育ってきたので、ちょっとやそっとのことではめげない心の強さがあった。だからこそ、厳しいといわれた宝塚の生活にも耐えられたのだ。

星組だった新人公演では『ベルサイユのばら』のオスカル役を演じ、颯爽とデビューした。さらに月組、雪組を経て『風と共に去りぬ』ではアシュレイ役を好演するなど男役として多くの舞台を踏んだ。

実は、父親である安藝ノ海は啓子さんの舞台をこっそり見に行っていたそうだ。啓子さんが幼い頃に離婚したので、父の安藝ノ海とは時々デパートに

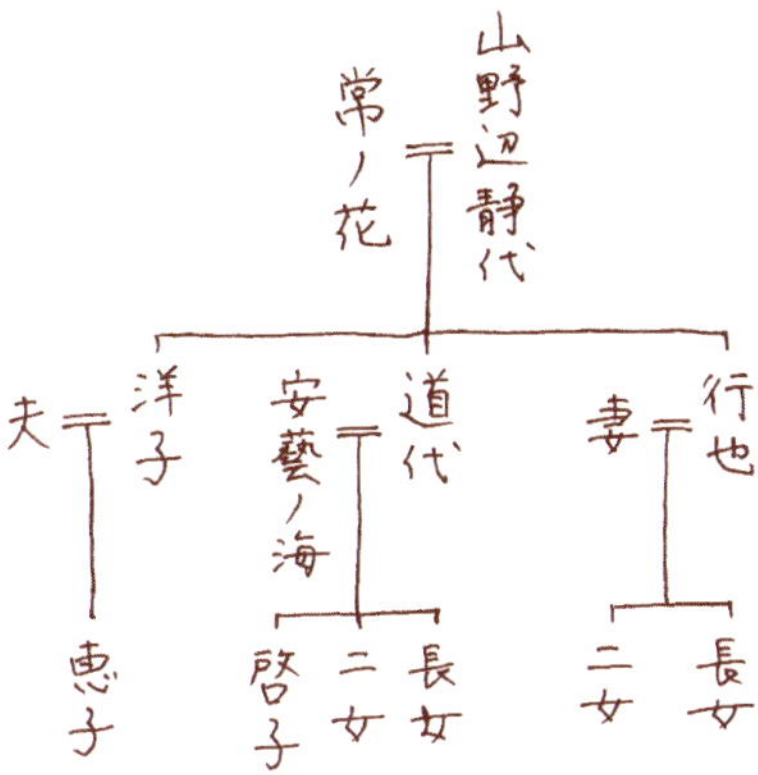

連れて行ってもらい、大好きなおもちゃをたくさん買ってもらった思い出だけだった。大人になるにつれて父とは疎遠になってしまっていたので、啓子さんは舞台を見てくれたことなど当時は知るよしもなかった。元横綱安藝ノ海は娘の宝塚入団を人づてに聞いて、人知れず足を運んでいたのだ。啓子さんはこの話を退団後に聞き、大変驚いたという。双葉山の六九連勝を止めた安藝ノ海の我が子を思う父の胸の内を想像し、偉大な記録の陰にそんな人間味あふれる話があるのかと胸の奥が締め付けられた。

相撲協会を離れた安藝ノ海は悠々自適の生活を送り、相撲解説者として人気があったそうだが、現在、名解説者でおなじみの北の富士勝昭さん（第五十二代横綱北の富士）もまだ関取になる前の黒廻し姿で当時の出羽海部屋にい

安藝ノ海節男《あきのうみせつお》

第37代横綱／出羽ノ海部屋

本名	永田節男
生没年月日	1914年5月30日-1979年3月25日
出身地	広島県広島市
幕内成績	142勝59敗38休
優勝回数	1回
番付	初土俵　1932年2月場所
	新入幕　1938年1月場所
	新大関　1941年1月場所
	新横綱　1943年1月場所
	最終場所　1946年11月場所
得意手	左四つ、寄り、櫓投げ
身長／体重	177cm／127.5kg

たそうだ。細くてひょろっとしていたので、師匠の出羽海親方から「きょす」と言われて随分可愛がられていたという。本名の竹沢から「竹竿」とみんなからは言われていたそうで、解説から滲み出る愛される人柄は若い頃から健在で、誰からも愛される力士でもあったようだ。

母の山野辺道代さんが亡くなった後を啓子さんが継承してからすでに一三年が経過する。尊敬する母の教えをそのまま受け継ぐことが自分の務めだと日々奮闘している。

相撲界と宝塚で学んだ魂は、今、相撲茶屋のおかみさんとしてしなやかに力強く継承されている。

何事にも自然体の啓子さんは颯爽としていて実にかっこいい。

十五番　長谷川家《はせがわや》

毎年五月場所後には、両国回向院の呼び出し塚に四五人の呼び出し全員と亡くなった呼び出しさんの家族が一年に一度集まり、供養をすることをご存知だろうか？

大正二年（一九一三）秋、呼び出し勘太郎の発案で、全ての呼び出しを祀る太鼓塚を回向院に建立し、今も後輩たちが法要をしている。その法要の主宰者として、二〇軒ある茶屋の中で唯一呼び出し出身である十五番の長谷川家のおかみさんたちも出席している。

七歳の頃から相撲界に入っていたという呼び出し勘太郎。その美声は瞬く間に評判となり、通称「呼び勘」として人気を呼んだ。相撲の宗家である吉田司家からも美声とその功績をたたえられ、呼び出しとしての最高の名誉称号である「點唱《てんしょう》」の称号を授かった。點唱とは、他人がマネのできない錬成の喉を賞賛した呼び名のことだ。入門当初は一人では土俵に上がれないほど小さくて、兄弟子に抱っこされて土俵に上がっていたという伝説があるほどの勘太郎は、美声だけではなく気が利くことでも有名だったという。

周囲から「親分」と慕われていた勘太郎はある興行の打ち合わせで常陸山と意見の食い違いがあり、納得のいかなかった勘太郎が子分を引き連れて引き上げたところ、シルクハットを被った常陸山が自宅まで訪ねてきて頭を下げたそうで、「あの常陸山に頭を下げられた」と勘太郎の自慢話の一つとして家族に語り継がれている。

勘太郎は明治後期、梅ヶ谷や常陸山の

時代に長谷川家を創設した。明治四十二年（一九〇九）、旧両国国技館開館時に新設した茶屋で、本名の名前をとって屋号を決め、妻のふくがおかみとして如才なく切り盛りしていた。出方のサービスは天下一品で、客筋は大手で手堅いところばかりだったので商売は安定していたという。

子どものいなかった勘太郎夫妻は兄弟分だった親友小嶋銀次郎の二男の清次郎を養子縁組することにした。二男一女を授かっていた銀次郎の二男を「必ず堅気に育てる」と約束して養子縁組が成立したという。ふくの後は息子となった清次郎の妻いとがおかみを務めた。一人息子の茂がその後を継ぎ、妻の節江が四代目のおかみを務めている。

現在はその横に、息子太郎の妻尚子《たかこ》が見習いとして座っている。

節江さんはおかみ歴六〇年以上で、長谷川家のお客様は、本場所に来て八十歳を超えた節江さんの元気な笑顔に会えるだけで

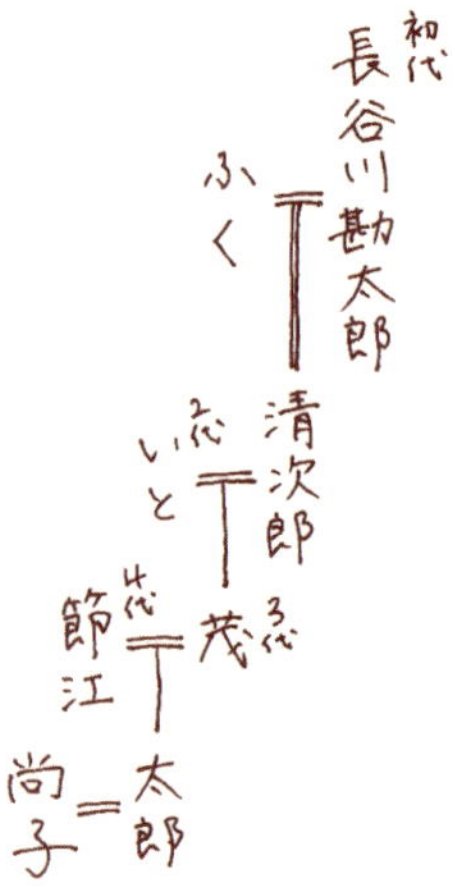

パワーをもらえるという方が多い。

若おかみの尚子さんは熊本県天草市出身で、吉田司家も熊本であるため「何かの縁を感じずにはいられません」と話し、おかみさんとしても意欲的に仕事をしている。相撲人気が低下して空席が目立った時は、自分にも何かできることはないかと尚子さん自身も熊本県人会に声をかけたりして営業努力をしてきた。

本場所中は午前七時頃から長谷川家の奥で土産物作りが始まり、早いお客様は九時くらいから入ってくるので順次、席にご案内し、打ち出しの六時まであっという間に時間が経つという。

大横綱大鵬とは現役時代からつきあいがあり、今も納谷《なや》家とは交流があって、大鵬のお孫さんたちの相撲界への入門を心待ちにしている。

今、相撲人気で注文が殺到しても、持ち席が限られているため、相撲人気が低迷していた時から変わらずに購入してくださっていたお客様を第一にすると希望どおりの良い席を確保することが難しく、気苦労も多いと話す。

打ち出し後に、「今日は楽しかったよ」と言ってくださるお客様の言葉が何より嬉しいという節江さんの元気の源はやはり、相撲だ。

十六番　河《かわ》平《へい》

江戸時代からある老舗で明治初期には「河内家」と言われていた。明治二十六年（一八九三）から、東京・本所で草履屋をしていた杉村久蔵が継承して名前を「河平」と改めた。もともとは相撲界に縁のない人たちが経営していて、出方は親切・丁寧を心がけ、商売上手であった。派手さはないが堅実なお客様が多いのは、今も昔も変わらぬこの店の特徴といえるかもしれない。

その後、第三十二代横綱玉錦の後援者である渡辺竹次郎が入手し、相撲人気が低調な時に玉錦が受け継ぎ、松子夫人が茶屋を切り盛りした。

生前、玉錦は長い巡業中も妻の松子さんに手紙を書くほど家族思いだったという。息子の弥寿雄さんが一歳の時に玉錦は亡くなったので、父の記憶はほとんどないというが、横綱玉錦として多くの書物やビデオ、親方たちからの話を見聞きして育ってきた。「いろんな人の話を聞いて横綱玉錦は相撲一筋の人生で豪快な人だったという印象をもっている」と話す。

明治四年(一八七二)生まれの松子さんは女手一つで茶屋を営み、三人の子どもを育て上げ、八十三歳までおかみとして頑張ってきた。「場所に行くときは当日の割(取組表)を頭にしっかり入れてきていた」そうで、明治の

玉錦《たまにしき》三右衛門《さんえもん》

第32代横綱/二所ノ関部屋

本名	西ノ内弥寿喜
生没年月日	1903年12月15日- 1938年12月4日
出身地	高知県高知市
幕内成績	308勝92敗3分17休
優勝回数	9回
番付	初土俵　1919年1月場所 新入幕　1926年1月場所 新大関　1930年5月場所 新横綱　1933年1月場所 最終場所　1938年5月場所
得意手	右四つ、寄り、吊り
身長/体重	173cm/139kg

女特有の凜とした女性だった。

弥寿雄さんは学生時代から蔵前国技館によく通っていたので、昭和三十九年（一九六四）に相撲茶屋の仕事を始めた時も、全く違和感はなかったそうだ。今まで勤めていた会社を辞めて一から簿記を習い、母の手伝いをした。

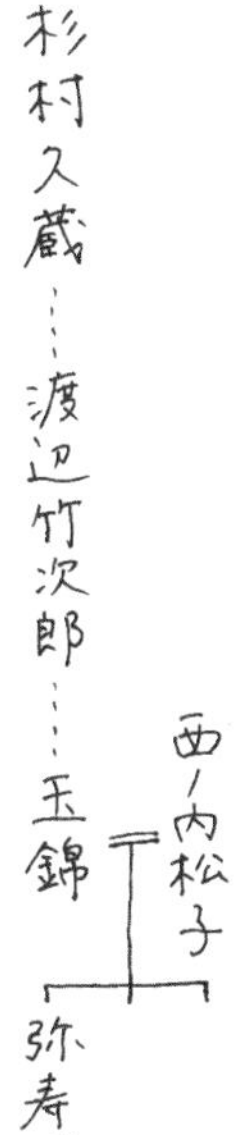

平成四年（一九九二）から正式に代表となると同時に国技館サービスの社長にも就任した。同世代の出羽海親方（元横綱佐田の山）、時津風親方（元大関豊山）とは相撲界でいう〝手が合い〟（気持ちが通じ合うこと）、また、仕事の上でも良き相談相手だったという。三人で会えば、どうすれば相撲界がよくなるのかを語り合っていたそうだ。父の玉錦は、かつて春秋園事件で多くの力士が大量離脱した時に、「相撲界でお世話になったのに、そんな薄情なことはできない」と言って多くの誘いを断って協会に残り、危機にあった相撲協会の屋台骨を支え続け、双葉山全盛の黄金時代の礎《いしずえ》を築いた人だ。義理人情

を大切にするという点では父と同じで、力士にはならなかったが茶屋として相撲界を支えることに情熱を注ぐ弥寿雄さん。

「相撲界は、髷《まげ》や廻し姿を変えないように、伝統を重んじることが大切。相撲茶屋も相撲協会とお互いに協力し合って寄り添っていくことが大事。これからの茶屋は世間を見ながら進んでいかなければならない」と熱く語る。以前は毎年十二月四日に、玉の海、大鵬、金剛ら二所一門の親方たちが吾妻橋の清雄寺《せいおうじ》に眠る玉錦のお墓にお参りに行くのが恒例行事になっていたそうだ。「親父が亡くなって七〇年以上も経つのに、七七回忌まで続けてくださってありがたかった」と相撲界に改めて感謝していた。

昭和四十二年（一九六七）頃は相撲人気も低調で、切符を売るのにもひと苦労だったが、そんな時代を乗り越えて今がある。

これからは「気力ある茶屋を残していくことが大事」と若い世代にエールを送る。相撲人気の今だからこそ、茶屋としても新しい時代を模索する必要があるのかもしれない。

十七番　藤《ふじ》しま家《や》

十七番の茶屋の前で出方さんたちから「若旦那」と呼ばれているのは、藤しま家の代表者山野辺秀明さん。相撲界の衰退期に横綱として土俵を支え、のちに理事長となった相撲界の功労者である第三十一代横綱常ノ花〔八六頁参照〕のひ孫だ。

もともとは明治初期、東京・京橋長崎町でハンコ屋を営む川島半三郎が母親のコトから継いで「更伝」という屋号で始めた。

明治四十二年（一九〇九）の旧両国国技館開館当時は「更伝」で登録され、昭和五年（一九三〇）十月に引退した大関豊国が数年間この店を経営していたが、相撲景気もなかなか上向きにならないので手放すことになり、当時出羽一門だった放駒親方（元前頭宇都宮）の口利きで藤島親方（第三十一代横綱常ノ花／七代目出羽海）夫人の山野辺静代さんが買い取った。

　大卒の初任給が五〇円ほどの頃、二〇〇〇円か三〇〇〇円の金額で購入したというからかなりの高額だったが、藤島親方が「お前にも苦労をかけたから、わしがなんとか工面しよう」と言って入手した店だという。

　現役時代から横綱常ノ花を支

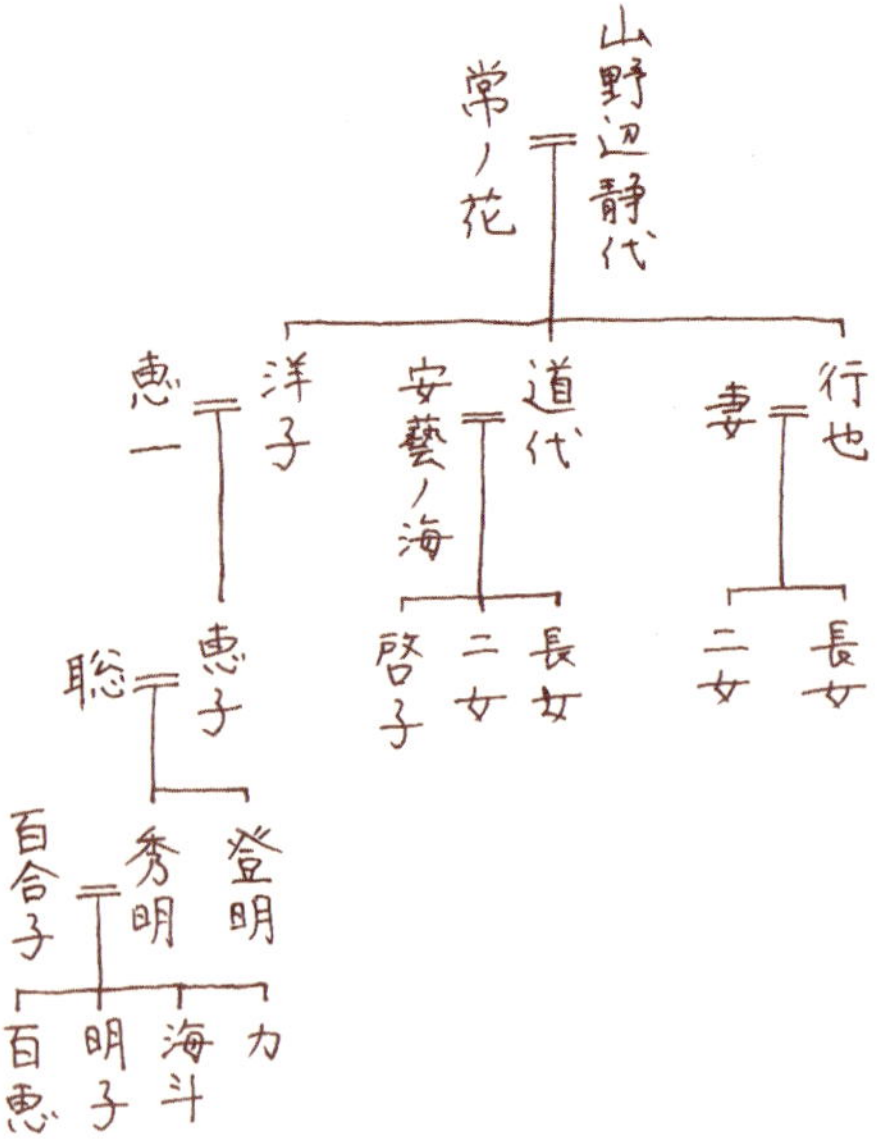

え、藤島親方となっても春秋園事件が起き、協会役員として苦労の多かった夫を陰で支え続け、三人の子どもを育ててくれた妻への感謝の気持ちの表れがこの店だったのだろう。

昭和十一年（一九三六）一月場所から屋号を「藤しま家」に改名し、静代さんは茶屋のおかみとなる。今では三本の指に入るほど大きな茶屋になっている藤しま家だが、当時は小さくて二〇軒の中でも十七番目くらいだったそうだ。

ちょうどこの年の五月場所から関脇双葉山が五場所連続優勝し、横綱まで上り詰めて六九連勝が始まり、世はまさに双葉山時代。相撲人気は第一次黄金期を迎え、どこの茶屋も「双葉山景気」に沸いていたという。

時はさかのぼるが明治二十九年（一八九六）十一月二十三日、岡山市出身の常ノ花は、両親ともに大きく、生まれた時の体重は五キロだったという。小さな頃から怪童と呼ばれて、町の相撲大会に出れば入賞の常連だった。四十二年（一九〇九）八月に横綱常陸山一行が岡山巡業に訪れた時に常陸山と師弟の約束を交わし、翌年一月に常ノ花のしこ名で出羽ノ海部屋から十三歳で初土俵を踏む。生粋の叩き上げである。

同期には出羽ノ海部屋の大錦、井筒部屋の源氏山（のちの三代目西ノ海）がいて、いずれも横綱となっている。まるで、昭和六十三年（一九八八）同期の曙、若乃花、貴乃花のようで、同期に三人もの横綱が誕生するのは非常に珍しい。

横綱常陸山に可愛がられて順調に出世した常ノ花は二十歳で入幕。足腰の強さを使っての櫓投げは鮮やかで、美男子で多彩な技を見せるのですぐに人気力士になった。入幕当初は一七八センチで七八キロの体重しかなく、非力だったので、横綱になるとは誰も予想していなかったという。本人もよくわかっていて「非力ゆえに稽古しなければならん。そうでなければとても幕内の地位は保てない」と夫人にも話していたそうだ。まさに、本人のたゆまぬ努力と持ち前の負けん気、さらには強い責任感によって大正十三年（一九二四）三月に横綱に昇進した。しかし、師匠だった出羽海親方（元横綱常陸山）

は横綱の勇姿を見ることなく十一年（一九二二）六月に亡くなり、当時二カ月間の巡業を終えて帰ってきた時には、師匠の位牌の前で号泣したという。その二年後、横綱となり昇進を神前に報告した。

しかし、横綱昇進から大正の終わりまでの五場所は、一度優勝しただけで病気と怪我に悩まされ、周囲をやきもきさせていた。だが、昭和になり見事に復活を果たした。常に土俵の中心には常ノ花がいて、低迷していた相撲人気を支え、優勝一〇回を誇る大横綱の域に達した。

昭和五年（一九三〇）二月、その日は突然訪れた。豊国、朝潮（のちの男女ノ川《みなのがわ》）に連敗し、「醜い相撲を取って横綱の威厳を汚してはならない」と実に潔く三十五歳で引退を表明。当時は、今のように国技館で盛大に断髪式をするということはなく、横綱といえども部屋で断髪式をしていたそうだ。

断髪式には多くの後援者が訪れ、春日野親方（第二十七代横綱栃木山）がハサミを入れた。一番髙砂家の常陸山を慕って入門した常ノ花（十七番藤しま家）が、三番大和家の栃木山にハサミを入れられて引退したのである。

改めて茶屋の歴史や相撲とのつながりの深さを感じずにはいられない。

引退後は藤島を襲名し、すぐに役員に選出されたが、昭和七年（一九三二）一月、力士の待遇面などを巡り現役関取たちが離脱するという春秋園事件が起こる。これにより四八名の力士が脱退する事態となるが、藤島親方は協会役員として、系統別総当たりを実施するなどあらゆる改革を行い乗り切った。

昭和十九年（一九四四）一月場所後、力士出身者として初の相撲協会理事長になり、戦中戦後の相撲界で幾多の苦難を乗り越え、角界の功労者となった。そして、三十五年（一九六〇）十一月場所後に亡くなり、政府から勲三等瑞宝章が贈られた。

常ノ花の残した藤しま家は静代さんから二女洋子さんの娘恵子さんに継承され、今はその二男である秀明さんが継いでいる。静代さんの指導を受けた恵子さんを幼い頃から両国国技館で見て育ってきた秀明さんは、ベテランの番頭さんや出方さんたちに昔の話を聞いて改めて常ノ花の偉大さに触れ、藤しま家の看板を背負う覚悟を強くしている。

この店には、九月で九十歳になる寛さんという出方がいる。もちろん、国技館サービスの最年長の出方さんだ。他にも勝男さんや勇さんなど、三人の出方さんは生前の常ノ花を知っているという。常ノ花夫人の頃から支えていた人たちが今も藤しま家を守っているのだ。さらに嬉しいことに、秀明さんには二男二女の四人の子どもがいる。七歳と六歳になる二人の男の子は、今、相撲教室で週に二回、相撲の稽古をしている。

秀明さんの妻百合子さんは国技館サービスに勤務していた人で相撲が大好き。ワンパク盛りの四人の子どもたちを育てながら道場に熱心に通わせ、秀明さん曰く、「誰よりも相撲に熱心」だという。今は子育てに忙しくしているが、いずれおかみさんとして座る日も来るだろう。その頃には、常ノ花の血を受け継ぐ子どもたちが相撲界に入門し、活躍してくれていることを期待してならない。

十八番　伊勢福《いせふく》

今をときめく石浦関が「憧れです。相撲がうまいですよね。なんとか盗みたいといつもビデオで学んでいます」と語るほど、今の小兵力士たちの憧れの存在である元関脇鷲羽山。十八番伊勢福はその夫人が代表を務めている。

江戸時代からある老舗で、明治の初め頃は菊地卯之助が経営していたが、明治二十九年（一八九六）から伊豆屋の石田福松が継ぐ。その後を継いだのが、明治四十年（一九〇七）に同郷の立田川親方（元幕下朝日嶽）を頼って上京した朝緑富五郎だった。

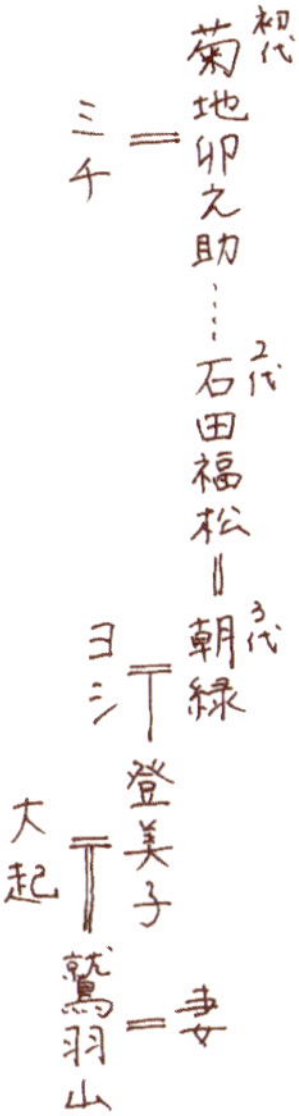

常陸山に可愛がられ、順調に出世し、明治四十五年（一九一二）に十両昇進。大正三年（一九一四）五月に幕下に陥落するが一場所で返り咲いて、五年（一九一六）一月場所には新入幕を果たし、出羽ノ海部屋の人気力士として五場所務めて引退した。真面目な人柄を見込まれて相撲茶屋「伊勢福」の養子になり三代目を継ぐ。朝緑の妻ヨシは横綱常陸山の子どもの乳母となり、常陸山にも随分可愛がられたという。

その後、娘登美子が栃若時代の巨漢大起男右衛門と結婚した。身長一九四センチ、体重一八〇キロの巨漢で対戦相手から恐れられていたが、巨漢を持て余し、相手十分になられたり横につかれるともろさがあったので、小結は

朝緑《あさみどり》富五郎《とみごろう》

前頭13枚目／出羽ノ海部屋

本名	伊藤→石田富五郎	
生没年月日	1889年2月4日–1947年12月3日	
出身地	山形県鶴岡市	
幕内成績	3勝13敗2分2預	
番付	初土俵	1907年5月場所 序ノ口
	新入幕	1916年1月場所
	最終場所	1919年1月場所
得意手	左四つ	
身長／体重	173cm／86kg	

たった一場所のみだった。初土俵以来、休場なしを誇っていたが、糖尿病になってしまい初の休場をし、その翌場所にはあっさり引退してしまった。引退後は境川親方を襲名したが四十六歳の若さで亡くなった。

妻の登美子さんはヨシさんの後を継ぐ。大起と登美子さんの間には子どもがいなかったので、昭和の相撲界を沸かせた技能派力士の鷲羽山が養子になり、現在は鷲羽山夫人が代表者となっている。先代の登美子さんは「気っぷのいいおかみさんで昔気質の人だった。決してネチネチしたところがなかった」と、代々、店で働く番頭さんたちは口をそろえて話す。

横綱北の湖全盛期にあって鋭い出足と芸術とまでいわれた技能相撲の鷲羽山は三賞の常連で、今も小兵で技能派の力士たちにとっては伝説的な存在だ。

岡山県出身で高校を中退して兄の背中を追うようにして出羽海部屋に入門。

大起男右衛門《おおだちだんえもん》

小結／出羽海［出羽ノ海］部屋

本名	山本→石田男次郎
生没年月日	1923年10月6日–1970年1月31日
出身地	福岡県飯塚市
幕内成績	265勝306敗1分22休
番付	初土俵　1938年5月場所
	新入幕　1946年11月場所
	最終場所　1958年5月場所
得意手	左四つ、寄り
身長／体重	194cm／180kg

一七四センチ、一一二キロの小さな体で関脇まで上り詰め、三十六歳まで土俵に上がり続けて「ちびっこギャング」の異名をとる人気力士だった。

　引退後は名門出羽海部屋を継承した。定年後は、夫人に茶屋を任せているのでほとんど顔を出すことはないが、現在活躍している石浦や宇良など小兵力士たちがこぞって鷲羽山のビデオを見て研究していると語るとおり、多くの相撲ファンには今も鮮やかに記憶に残っている。

　出方さんたちもしっかり者が多く、「お茶屋制度は相撲文化にのみ残されたいいものなので、これからも残していってもらいたい」と熱く語る。「我々お茶屋はお客様が一番。いかに楽しんで相撲観戦していただけるかに全力を尽くしています」とおかみさんが言うとおり、伊勢福は総勢九人が一丸となっておもてなしをしている。

鷲羽山佳和《わしゅうやまよしかず》
関脇／出羽海部屋

本名	鈴木→石田佳員
生年月日	1949年4月2日
出身地	岡山県倉敷市
幕内成績	319勝353敗63休
番付	初土俵　1967年3月場所
	新入幕　1973年5月場所
	最終場所　1985年11月場所
得意手	突っ張り、押し、いなし
身長／体重	174cm／112kg

十九番　竪《たて》川《かわ》

昔の両国国技館ができた明治四十二年（一九〇九）頃、桟敷方「竪川」を営む。北条家に呼び出し夫婦が養子に入り、相撲茶屋「竪川」となる。初代は北条とら。

とらの長女よねが当時の小結若湊義正（のちの四代目富士ヶ根親方）と結婚して竪川を継ぎ二代目となった。しかし、夫婦が病気で相次いで亡くなり、とらの二女とよが三代目竪川を継いだ。

肩幅が広くがっちりとした体格で腰が重く、右差しからの寄りを得意とした若湊。当時の部屋には、東富士、若湊、男女ノ川と、そうそう

たる力士たちが所属していたが、若湊が若くして亡くなったため弟子たちは高砂部屋に移籍した。「東富士が横綱に昇進したのは移籍後だったのですが、もし、若湊が健在で、富士ヶ根部屋の師匠として継承していたら、横綱の相撲史に富士ヶ根部屋の名前が刻まれていたのかもしれませんね」と現在おかみの道子さんが残念そうに話す。

竪川は高砂系のお客様が多く、お客様への対応が丁寧であるとの評判が高かった。現在はとよさんの長女である道子さんが四代目として継承しているが、幼少の頃から学校の帰りに国技館に寄って手伝いに来ていたそうだ。まさに人生の全てをお茶屋に捧げているといっても過言ではない。

今では、道子さんを長女の由美子さんが手伝っている。実は由美子さんは、普段は「安江うに」のペンネームで漫画家としても活躍している。茶屋関係

若湊義正《わかみなとよしまさ》
小結／高砂部屋

本名	岡本→北条 義	
生没年月日	1888年3月14日–1941年11月12日	
出身地	栃木県栃木市	
幕内成績	63勝78敗6分10預13休	
番付	初土俵	1905年5月場所
	新入幕	1913年1月場所 幕内付出
	最終場所	1922年1月場所
得意手	押し	
身長／体重	167cm／96kg	

者にのみ配布されている横綱稀勢の里の絵は優しい筆使いの中にも強さとたくましさがあり、茶屋で育った人ならではの何とも言えぬ品格が感じられる。

由美子さんは昨年の初場所から母の見習いとして手伝っているそうだが、その間の東京場所四場所中の三場所が日本人力士の優勝だった。もしかしたら、今の相撲ブームを引き寄せる力が由美子さんにあるのかもしれないと思わせるような福々しい表情をしている。竪川は母の道子さんを中心に娘の由美子さんと長男啓一郎さんが経理を担当していて、まさに家族ぐるみでの経営だ。

平成十年（一九九八）に白血病で三十歳の若さで急逝した剣晃とは個人的にもつながりが深かった。守口市出身で元小結の剣晃は、二歳の時に父親を亡くして母親が女手一つで育てた。そんな剣晃が入門後に知り合った由美子さんの父を「東京のお父さん」と慕い、

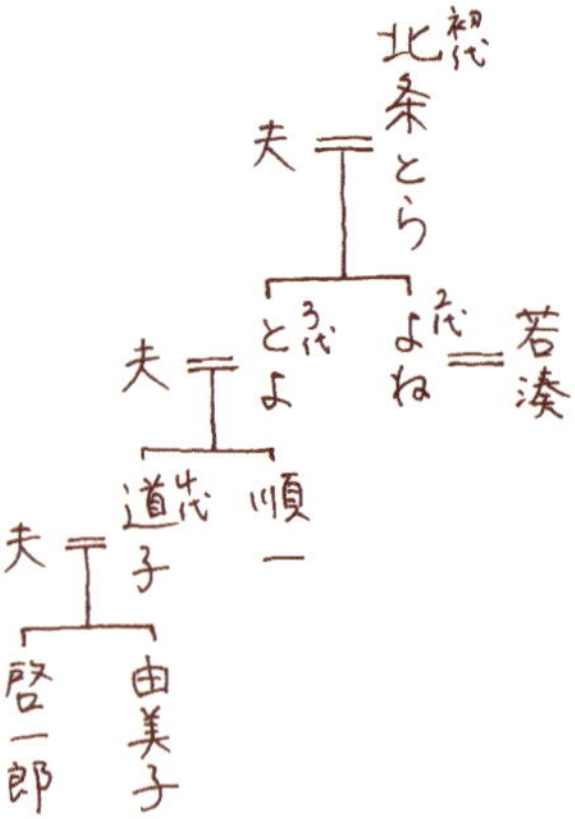

二人でよく食事に行っていたという。その「お父さん」がジャズ好きだったので、〝日本のサッチモ〟と呼ばれる外山善雄さんのディキシーランドジャズを二人で聞きに行っては、外山さんの演奏で聖者の行進を歌うのが大好きだったという剣晃。番付は前頭だったが、周囲からは「心の横綱」と言われていた。若くして亡くなった剣晃の交友関係の広さを、部屋の人たちは葬式で初めて知り驚いたそうだ。

今の両国国技館ができたばかりの頃、バリアフリー化が進んでおらず車椅子のお客様が往生していた時に、ある一人の新米親方がとても親切にしてくださったそうで、その親方は名前を名乗らずにその場を立ち去った。後で探したところ、片男波親方（現在は楯山親方／元関脇玉ノ富士）であることがわかった。「現役時代は覇気がないとか、つかみどころがないと批判されることも多い力士だったが、人間として素晴らしいと思った」と由美子さんは語る。

相撲界にはこのように土俵上の姿からは想像できない力士たちの隠された

意外な素顔が数多くある。お茶屋さんは力士や親方たちと接する機会も多く、長い歴史の中でいろいろな相撲の深い話を聞くことができるのである。

長年お茶屋を見てきた道子さんは、「これからは、相撲の古き伝統を守りつつもお客様のニーズに応えていきたい」と語り、娘の由美子さんは、「無料Ｗｉ－Ｆｉやクロークなども設置できたらいい」と、時代に即したサービスも意欲的に取り入れていくことの大切さを語る。

「戦争中や野球賭博事件などでチケットが全く売れなかった時にも長年のお得意様が支えてくださったことは感謝に堪えない。昔のお客様を大切にすることはとても大切であり、今の相撲人気があるのは、人気低迷の時代に謙虚になってお客様へのサービスなど地道な努力をしたことが実を結んできたのではないか」と分析する母娘が、これからも家族一丸となって竪川を守っていく。

二十番　林家《はやしや》

茶屋通りを入ったすぐ左手にある二十番の林家は、戦前から戦後にかけて相撲協会が最も波乱に満ちた時代に理事長を務めた六代目出羽海理事長（元小結両國梶之助）を祖父に持つ古川精一さんが代表だ。

長崎県出身の両國梶之助は明治二十四年（一八九一）に大阪相撲の時津風部屋に入門した。常陸山を慕って上京し、出羽ノ海部屋に所属、両國と改名する。一六五センチ、九〇キロの小兵ながらスピード感溢れる変化技で、一

本背負いや襷《たすき》反《ぞ》りなど今の宇良も顔負けの奇手で土俵を沸かせた力士である。明治四十一年（一九〇八）一月場所で太刀山を一本背負いで倒した一番は、今も角界の語り草となっている。四十五年（一九一二）初場所で引退し、入間川を襲名。当時、理事長だった五代目出羽海理事長（元横綱常陸山）の相談役として一目置かれる存在となった。

初代は、明治四十二年（一九〇九）の旧両国国技館開館時に始めた浦風親方（元前頭小松山与三松）夫人である本多きく。その後、茶屋を譲り受けたのが入間川（両國）夫人の千代だった。

大正十一年（一九二二）六月十九日に敗血症のため四十八歳の若さで五代目出羽海理事長が亡くなり、出羽ノ海部屋の後継者を誰にするか何度も話し合いがもたれたが、結局、冷静沈着で温厚な人柄が認められて両國梶之助が

両國梶之助《りょうごくかじのすけ》

小結／出羽ノ海部屋	
本名	古川九八
生没年月日	1874年3月15日–1949年1月11日
出身地	長崎県諫早市
幕内成績	48勝48敗20分5預69休
番付	初土俵　1903年1月場所（幕内格付け出し）
	新入幕　1903年1月場所
	最終場所　1912年1月場所
得意手	襷反り、内外無双、一本背負い
身長／体重	165cm／90kg

六代目出羽海親方となった。寝食を忘れて部屋の隆盛と相撲協会のために尽力し、現在の出羽海部屋の基盤となる今の場所に部屋を構えた。

理事長時代は、関東大震災や昭和二十年（一九四五）の戦災など相撲協会にとっても度重なる危機に立たされたが、その度に冷静な判断で切り抜けてきた。

千代さんは理事長夫人として、また、お茶屋のおかみとしても奮闘し盛り立てていた。

昭和二十四年（一九四九）一月十一日午前二時十五分、六代目出羽海理事長が浜町仮設国技館の土俵祭りが行われる直前に七十四歳で亡くなった。

昭和三十二年（一九五七）、常ノ花が出羽海理事長になった時にお茶屋制度について当時の国会でも問題になったことがあるが、今度は両國の息子の古川四郎さんがその危機を救う。相撲茶屋は相撲サービス株式会社を設立して一番から二十番までの店にした。茶屋制度を廃止せず、力士と観客との橋渡しとして茶屋を残す重要性を訴えた。ご贔屓筋を引き止めるためにも単なるチケット売りではなく茶屋の存在が重要なのだと説いたのである。

平成十六年（二〇〇四）の四郎さんの死後、四代目として精一さんが継承して現在に至っている。

総勢六人で切り盛りする林家はパソコンを使い請求書も迅速に作成、茶屋の近代化に努める。

後継者問題については「いずれは相撲界の力士や親方に譲るつもり。それが一番ではないでしょうか」と潔く語っている。

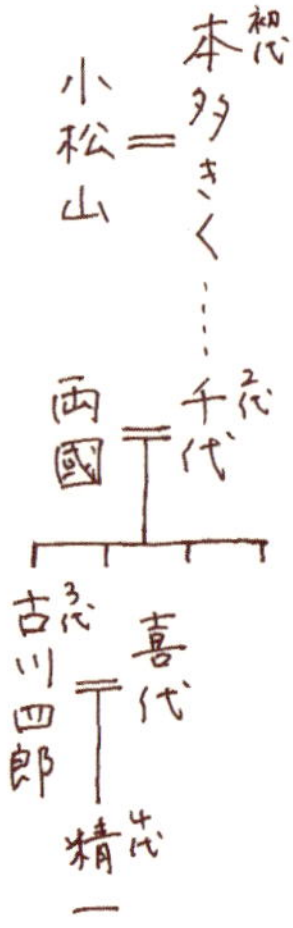

第二章

相撲茶屋を支える人々

出方さん（若い衆）

国技館の客席を裁着袴《たっつけばかま》姿で颯爽と歩く男たちは「出方さん」と呼ばれる人たちで、国技館サービス株式会社に所属している。二〇軒の茶屋と個々に雇用契約を結んでいるので働く店が決まっていて、現在、登録されているのは一四〇人弱。

「仕着せ」と呼ばれる着物に、下は呼び出しさんと同じ裁着袴、白い鼻緒の草履に紺の足袋姿の出方さん。庶民の正装といわれた裁着袴姿は、江戸時代に回向院の門前で営んでいた頃からの名残りである。

土俵上でしこ名を呼び上げる呼び出しさんと似ているが、決して土俵に上がることはない。茶屋通りに入ると各店先にいて、店の名前が書かれたチケットを見せると席まで案内してくれるのが出方さんだ。

初めて国技館で相撲観戦するという人にとっては、出方さんについていけば席まで案内してくれて、頼めば弁当や土産を運んでくれる頼もしい存在。

タイミングを見て追加注文を聞きにも来てくれるので、桟敷《さじき》（席）に座ったまま相撲観戦を存分に楽しめる、まさに最高のコンシェルジュだ。相撲観戦を接待で使う会社が多いのは、出方さんたちの長年の経験からくるおもてなしの技があるからだろう。

そんな出方さんたちは、実は、かなりの肉体労働だ。

午前七時から午後七時まで国技館内を歩き回り、多い人だと場所中で一日二万歩は歩くという人もいる。

出方さんとして一人前になるには時間がかかり、一場所目では慣れないことも多く、館内で迷うこともあるほどで、三場所ほど働いてようやく戦力になるといわれる。

それぞれの茶屋の店先でお客様をいつでも案内できるようにスタンバイしているが、午後三時を過ぎると土産物を運んだり追加注文を受けたりとゆっくり座っている時間はなくなる。出方さんの中には、本場所以外の時は大手量販店や自営業など他に仕事を持っている人が多い。地方在住の人もいるので、本場所の時だけ東京に来るという人もいる。また、中には父親の代から出方を引き継いでいるという人も。

そんな二〇軒の相撲茶屋の中で、最年長は十七番藤しま家で働く九十歳の寛さん。実家は農家だったにもかかわらず、子どもの頃から客商売が好きで人懐っこかった寛さんは、近所の人にも明るく話しかけ、みんなに可愛がられていたそう。

寛さんは二十六歳の時に藤しま家で働くようになり、第三十一代横綱常ノ花夫人の頃から六〇年以上も藤しま家を支えている。入ったばかりの頃は一日三万歩以上は歩いていたというくらい蔵前国技館内を何往復もしたそうで、草履が三日で履きつぶれたこともあったとか。「あの頃は、一場所で五足は履きつぶしていたなあ」と懐かしそうに笑う。

相撲界と同じく、一場所でも早く出方になったら年齢が下でも兄弟子という世界。兄弟子には随分厳しくされたが、とにかく我慢、我慢の毎日を送ったという。そんな寛さんを、横綱常ノ花の妻である静代夫人は可愛がってくれ、よく声をかけてくれたそうだ。威厳があって出方教育にも厳しかった静代夫人は、当時、流行に敏感な長髪の出方もいたのだが、それを見つけては寛さんが呼ばれ、「長髪はだめだと注意しなさい」と言われたこともあったとか。

出方が給料制になったのは昭和三十五年（一九六〇）からで、それまではご祝儀でまかなっていたこともあった。今では国技館サービスから給料が出ているのでチップを要求することはないが、昔の名残りでご祝儀をもらうこともあり、それで仲間と一杯なんてこともあるようだ。

以前、相撲茶屋に九十三歳の出方さんがいたが、今の寛さんであれば、その記録も更新できそうな勢いだ。出方の年齢制限は七十歳となっているが、そこは相撲界特有の懐の広さで、実際は本人しだい。元気ならば寛さんのようにいつまでも働くことができる。長年の経験に基づいた出方としての心得と、寛さんの持ち味である人懐っこさで、お客様も多く、名物出方さんになっている。

五時半過ぎ、好取組の時間になると花道の反対側の通路に来て特等席で観戦している。警備の親方たちも、寛さんが降りてくるとさりげなく自分の座っていた椅子を差し出す。この時間が、若い出方たちに負けじと一日中動き回った寛さんがホッと一息つける時間。人情味溢れる相撲界がみせる優しい光景だ。国技館の通路に寛さんの姿を見かけたら、「ああ、今日もお元気だな」と思ってほしい。

寛さんのようなベテランもいれば、まだ二十代の若手もいるのが出方の面白さ。八番上州家には明日のスターを目指して、普段は芝居をしている劇団員もいる。お客様との接点となる出方の仕事は礼儀が大事と考えるおかみさんは、礼儀作法に厳しいことで有名な劇団からアルバイトをお願いしているそう。おかみさんと出方さんが通じ合っていないとお客様に迷惑がかかるため、出方さんたちとのコミュニケーションを大切にしているという。

一人一人の出方さんにはそれぞれ相撲との思い出があり、その人のドラマがある。お客様に「毎場所、国技館でしか会わないけれど、何年も顔を合わせているから親戚のお兄さんみたいな感じ」と言われる出方さんもいるそうだ。相撲観戦に来た人たちが接する機会の一番多い出方さんは、お茶屋制度を支えるおもてなしのプロフェッショナルなのだ。

番頭さん

着物に羽織姿で、茶屋の店先で出方さんに指示を出しているのが番頭さんだが、今では番頭さんのいない茶屋が多くなった。昔は番頭さんが切符を配り、集金もしていたが、今はおかみさんたちがその仕事をしている。これは相撲人気の低迷で茶屋にとって不況の時代が長く、自分たちでできることは自分たちでするようになったからだといわれている。毎場所前に三〇分ほど、番頭寄り合いが開かれるが、番頭のいない店は出方の長が出席している。

お茶屋の一年

お茶屋にとって一年の始まりは年末に行われる初場所の御免祝い。本場所の一カ月前に行われる御免祝いは、初場所の場合、年末となる。世の中が慌ただしい年の瀬を感じている頃、お茶屋は「もうすぐ初場所、また一年が始まるんだな」と感じているのだ。

御免祝い

本場所の初日の一カ月前に報道関係者を招いて行う行事。この日に本場所の日程などを発表し、開催地には「御免札」が建てられる。通常は、午か酉の日で、担当の親方たちが集まることのできる日に開催される。「馬（午）は人気が跳ね上がり、鳥（酉）は客を取り込む」という意味の縁起を担いでいるそうだ。国技館地下の食堂で、理事長をはじめ協会の親方たちがちゃんこ鍋でもてなしてくれるが、そこにお茶屋の人たちも参加している。

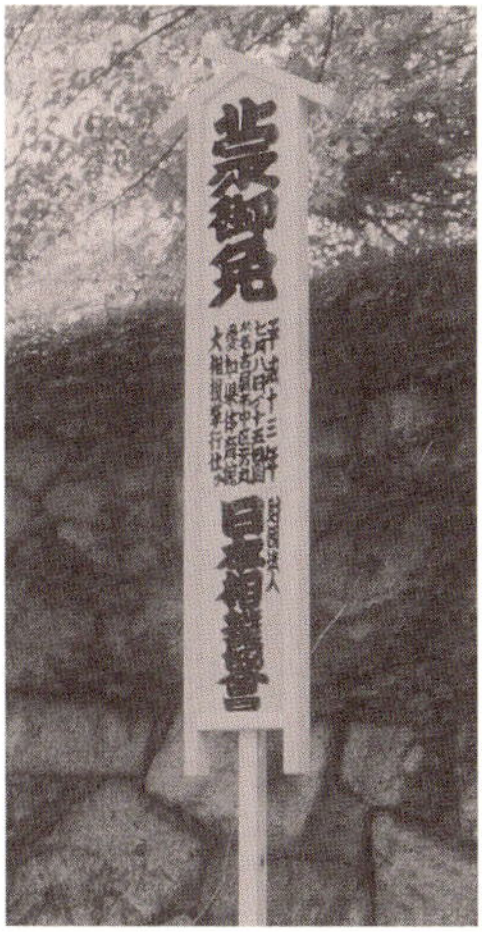

稲荷祭

年に一回、稲荷祭という大きな祭りがある。本来は二月の初午の日に行うものだが、その頃は三月場所があるため、相撲協会の在京の親方たちと日程を調整して四月の吉日に行われる。国技館の敷地内にある豊國稲荷神社と出世稲荷神社をお祀りするもので、六本木の出雲大社の分社から二人の神主を招き、お盛《も》りもの（季節の果物や野菜、鯛、酒などを器に盛ったもの）をお供えしてお参りをする。

ちなみに、向かって右側にある出世稲荷神社はその名前どおり相撲協会にとって関わりの深い神様を、左側にある豊國稲荷神社は〝商売繁盛〟でお茶屋にとって関わりの深い神様を祀っている。

お稲荷さん

稲荷祭とは別に東京場所の土俵祭りの日に、国技館敷地内にある稲荷神社で通称「お稲荷さん」という商売繁盛を祈願する祭事を行う。稲荷祭と同じように、お盛りものをお供えする。

二〇軒のお茶屋と出入り業者の人たち

が出席して、翌日から始まる一五日間の無事と商売繁盛を祈る。

商品選定会（見本市）
東京場所の二カ月前、二〇軒のおかみさんたちが集まって土産物を選ぶ商品選定会が国技館の地下で行われる。弁当や菓子、陶器など［一三五頁参照］ジャンルやメーカーごとにそれぞれ何種類かずつ並べられ、その中からおかみさんたちの投票によって多数決で決めている。

業者の人たちは目利きのおかみさんたちのリクエストに応えられるよう、毎回工夫を

凝らした商品づくりをしている。

行事渡し

相撲界の行事などに二〇軒の代表として出席する役目を担当行事という。四軒ずつ五グループに分けられていて、東京場所の切符渡しの日（協会から切符を受け取る日）から、次の場所の切符渡しの日までの当番制で、その期間にあった出来事をノートに記入したり、冠婚葬祭などの行事に茶屋を代表して出席したりする。

例えば、協会行事である野見宿禰《のみのすくね》神社での参拝もその一つ。商品選定会（見本市）の一週間ほど前に行われる予選のような選定会でも、四軒の当番があらかじめ商品を絞っている。

横綱や大関の昇進披露パーティーなどは例外として二〇軒の全茶屋が出席している。

大勘定《おおかんじょう》

東京場所の切符および販売商品の精算を茶屋ごとに行い、期日を決めて相撲協会および国技館サービスに支払う日。この日までに各茶屋ではお客様に請求書を送り、集金をしたり振り込んでもらったりした上で精算を済ませる。

東京場所の一五日間と花相撲の時以外にも、前売りや切符渡し、商品選定会や大勘定などお茶屋のおかみさんたちが国技館に集まることは意外と多い。二〇軒のおかみさんたちは自然と仲良しになり、代々世襲制が多いので親戚のような関係になっていくのだ。

お茶屋の一日

午前七時

各茶屋に三人まで宿泊できるようになっているので、泊まりの出方さんたちが起きて支度をしている中、通いの出方さんたちも出勤してくる時間。館内の席に座布団を置いていく。

午前八時

当日のお客様の人数をチェックして、お土産セットの準備をする。

正午前後

茶屋のおかみさんたちの出勤時間。和服姿のおかみさんも多く、茶屋通りは一気に華やかになる。

席割り表を見ながら当日のお客様をおかみさんがチェックして、家族連れのお客様には土産物を変更するなど細やかな最終チェックをする。

常連のお客様には重い陶器類は避けて、飲み物やおつまみを多くするなど、個々のニーズに応えて袋詰めがなされる。常連になると好みがわかってくるので、より行き届いたサービスが受けられる。

午後二時頃

そろそろ忙しくなる時間。チケットを持って訪れるお客様を笑顔で出迎え、出方さんが席まで案内する。

飲食の注文を受け、飲み物やおつまみを用意して席まで運ぶのも出方さんの仕事。十両土俵入りの午後三時前から幕内土俵入りが始まる前の一時間はまさに戦場。裁着袴姿の出方さんが走っている姿をよく見かけるようになる。

午後四時頃

幕内土俵入りの時間は、出入りのお客様と休憩時間のトイレタイムにも重なり、出方さんは人混みの中を席まで案内したり、注文を受けに行ったりと予断を許さない時間。頃合いを見計らい、追加注文の御用聞きに伺う。

（もし、注文をしたいのにタイミングが合わないときがあれば、見かけた出方さんに声をかけてチケットを見せると、担当の出方さんを呼んでくれる）

午後五時三十分

この時間までに土産物を席に運ぶ。打ち出し後の時間は大勢のお客様が茶屋通りを通り混雑が予想されるので、早く帰りたい場合は、この時間までに席に土産物を運んでもらうのがいい。席が少し狭くはなるものの、取組を見ながら、ちょっと勇み足で土産物を確認するのも楽しい時間。

結びの一番が終わり、弓取り式が済んだあと、茶屋通りは大賑わいでお客様を総出で見送っている。「楽しかった、また来るよ」という言葉が何よりも嬉しく、忙しさも吹っ飛ぶという。

（なお、お客様の中には、帰りに次の場所の予約をする人もいるが、とても混雑しているので、できれば早めに来てもらうか後日がありがたいそう）

午後六時三十分

出方さんたちが一斉に座布団や湯呑みを片付ける。客席内のゴミもまとめてきれいに掃除までしている。手際よくあっという間に片付けていくのはお見事！　店の裏では、急須や湯呑みなどの洗い物をして明日の準備に取りかかる。おかみさんも明日の確認をして引き上げる。

そうして、お客様が帰った後、ようやくホッとできる時間がくる。

ちなみに、泊まりの出方は相撲教習所の風呂を使っているそう。手の合う出方さんたちと、夜は奥で一杯なんてこともあるとか。

一五日間の熱戦を陰で支える人たちの一日も、こうして暮れてゆく――。

土産物

相撲茶屋で用意する全ての飲食物のことを「出物《でもの》」という。「今日の出物は何？」という会話がお茶屋で飛び交うのは、「今日の注文は何か」ということなのである。

横綱セット、大関セットなどが用意されているが、基本的には自分の好みで選ぶことができる。お茶屋でチケットを申し込んだ時に「○○セット」と

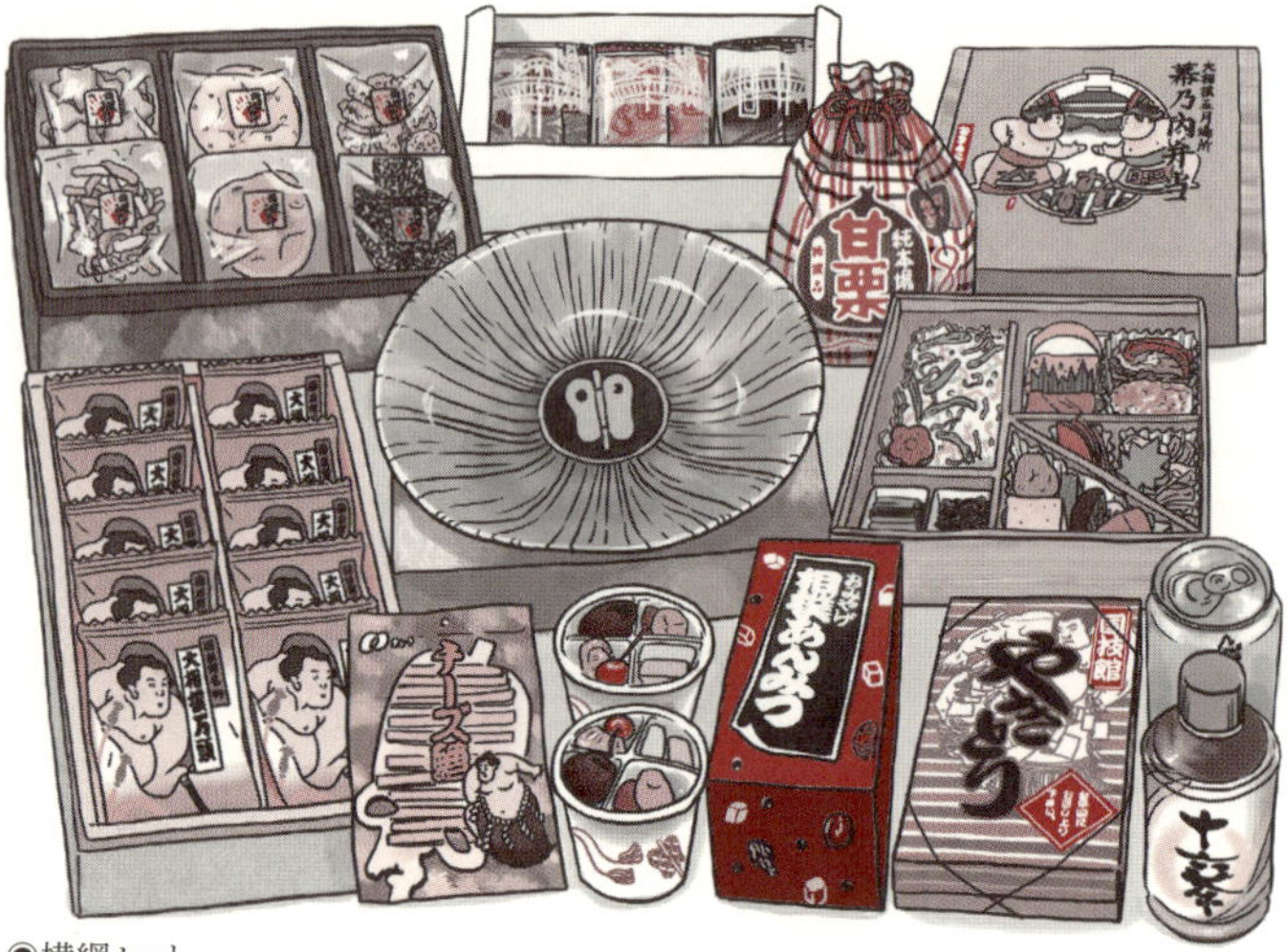

◉横綱セット

平成29年 五月場所 価格表 （＊一部分を抜粋）

焼酎300ml	780円	サンド	870円
缶 酒180ml	390円	袋物各種	220円
缶ビール350ml	380円	焼 鳥	650円
国技館ワイン	1080円	甘栗（小）	650円
ジュース、お茶	180円	そら豆	760円
幕の内弁当	1620円	みつ豆	1080円
幕の内弁当（並）	1150円	焼鳥土産	1300円
オードブル	1150円		

リクエストするか、メニューを見てこれとこれが欲しいとリクエストすることもできる。

陶器

相撲の土産物といえば、陶器がまず思い浮かぶ。寿司屋さんでよく見かける歴代横綱が書かれた湯呑みは定番で、第七十二代横綱稀勢の里の名前入りはネットでも大反響だった。

現在、国技館サービスとの取引がある陶器の会社は二社で、丸越は老舗だ。その丸越が相撲茶屋の土産物を扱うことになったのは、祖父の代から続いていた浅草の料亭「大外」に器を卸していたことがきっかけ。

その店に通う出羽海部屋の後援者の紹介で、今の

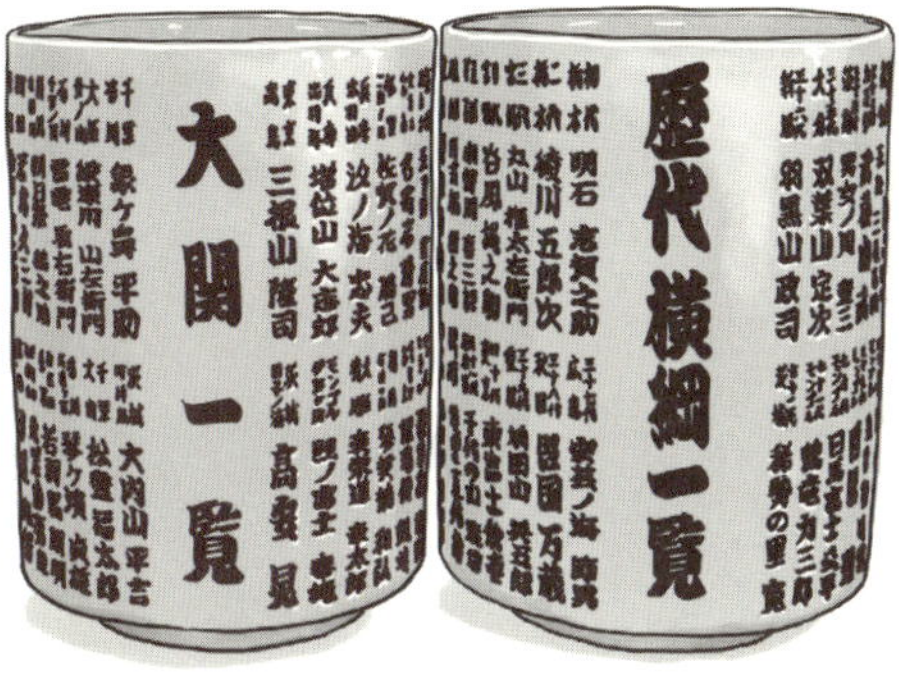

社長の父親の代から相撲サービスとの取引が始まって以来六〇年になる。

お弁当

お弁当業者は、NRE大増《だいます》・鮒忠《ふなちゅう》・木挽町辨松《べんまつ》・イオンフードサプライなど数多くあるが、その中の大増はご存知「幕乃内弁当」の上弁当で、平日は二〇〇〇食、土日は三五〇〇食と、一五日間で合計四万食を販売する。かまぼこ・シャケ・卵焼きはお弁当の三役そろい踏みで、どの季節にも必ず入っているという。昨年一月場所から相撲漫画家の琴剣《ことつるぎ》さんのイラストを掛紙に使用するようになって子どもたちにも好評だ。

場所ごとにお弁当の中身も変え、初場所は正月らしいもの、五月場所は初夏っぽく、九月場所は紅葉のイメージで具材にキノコ類を使ったものを入れるなど季節を感じられるよう心がけている。

イオンフードサプライは、売店でも売られている力士の名前のついたお弁当が有名。基本的には大関以上のお弁当で、横綱、大関に好みを聞いて、一つずつ個性が出るように作られている。この九月場所（二〇一七年）から、東京場所では初めて大関として土俵に上がる「髙安弁当」が登場する。鯖が大好きな髙安のお弁当は鯖の味噌煮がメインで、茨城の名産にちなんだ蓮根のはさみ揚げも入っている。

　以前は国技館の地下で二段重ねのお弁当を作っていたが、五年前から委託製造に切り替え、多くの企業が参入したことで、バラエティに富んだ商品展開となっている。

◉季節折詰弁当

お菓子

お菓子は、花園饅頭・亀屋万年堂・庄之助・凮月堂・精養軒などが参入し

ている。

花園饅頭のぬれ甘納豆は、先代阿武松親方の紹介で昭和三十年（一九五五）から取引を行っている。人気は「へそまんじゅう」で、通称「おっぱいまんじゅう」ともいわれている。社長の「味にこだわれ」との命を受けて、こだわり続けた自慢の逸品だ。

せんべい

せんべいは、評判堂・金時米菓・逸品会・いけだ屋の四社。

その中のいけだ屋は、力士や土俵の形をしたせんべいなど相撲に特化した

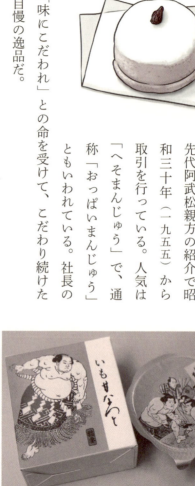

オリジナル商品の開発に工夫を凝らしている。稀勢の里横綱昇進披露パーティーでの引き出物に使われた、箱がしこ名入りの明け荷になっている商品も好評だった。

　見本市には二、三点出品して、多様な好みにも対応できるよう企業努力をしている。最近はお茶屋限定商品にこだわる傾向が強いが、稀勢の里が新横綱になったとはいえ、それ一辺倒では多くの相撲ファンに喜んでもらえないと、バランス感覚を大切にしているそうだ。

海苔

まだ蔵前国技館だった頃、先代春日野理

◉箱が明け荷のデザインになっている

事長時代から三五年にわたって取引のある丸茂海苔店。

国技館との取引ができれば商売も安泰と思い、喜び勇んで大量発注したら、初めは紙袋二つ分しか売れずに苦労したそうだ。「国技大相撲の名前に恥じないような美味しい海苔を売りたい」という一心で今日まで続けてきたという。商品には自信があり、華美な包装ではなく、あくまで味を第一にしたシンプルなものにしている。

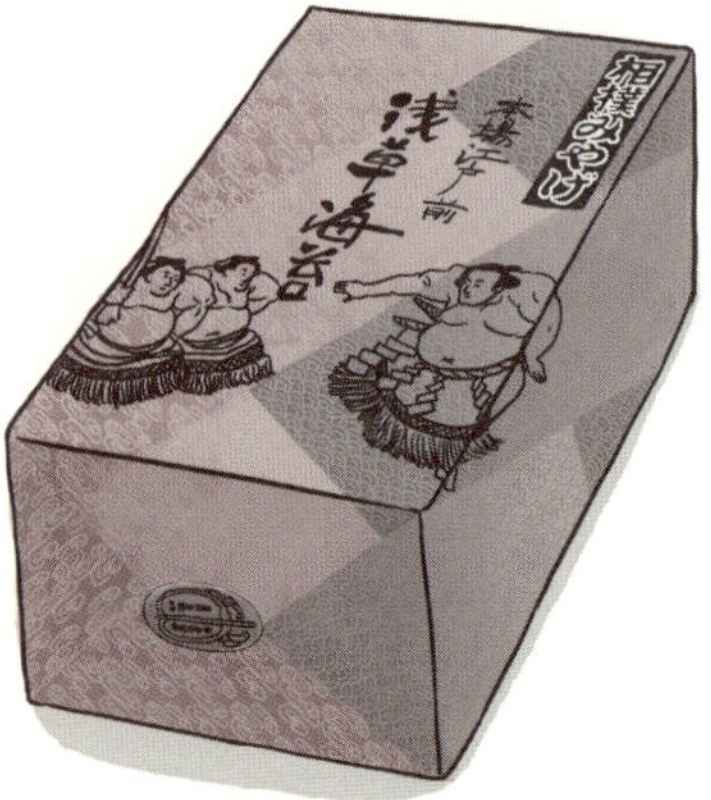

ひよちゃん焼き

元和菓子職人が箱のデザインから商品に至るまでこだわって作っている。場所中は国技館地下の調理場を借りてスタッフ三人で作業する。以前は型をつくるのに半年もかかっていたが、今はコンピュータで立体化されたものを

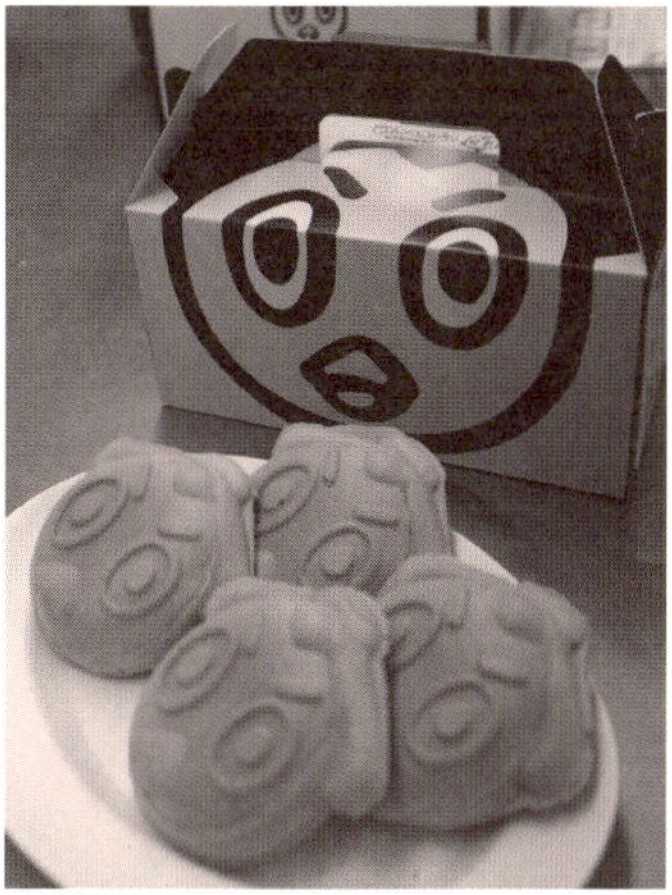

３Ｄプリンタを使ってつくるため、一カ月半でできるようになった。「ひよちゃん焼き」の中身はあんことクリームが定番で、初場所は濃厚チョコ、五月場所はクリームチーズ、九月場所はマロンかサツマイモといった感じで、場所ごとに限定商品も登場する。今後は「ひよの山」のライバルといわれている「赤鷲」も作る予定だとか。相撲だけでなく土産物でもキャラクターの出世争いが繰り広げられるかもしれない。

場所中は、十五番の茶屋の裏手にある配給所という倉庫に陶器などの商品を置いて、茶屋から追加注文があればいつでも対応できるよう、業者の人たちはスタンバイしている。場所中の一五日間、ずっと同じ部屋にいるので、みんな自然と仲良くなるそうだ。こういったところにも、相撲を支える連帯感が生まれている。

焼き鳥

相撲観戦になくてはならないのが、焼き鳥。もはや国技館名物といっても過言ではない。実はこの焼き鳥は、国技館の地下で作られている。

その昔、蔵前国技館時代は炭火焼きの焼き鳥のいい匂いが館内から外にまで漂っていた。風向きによっては浅草橋まで焼き鳥の香ばしい匂いがしていたので、蔵前といえば焼き鳥の匂いを思い出す人も多いだろう。

その後、昭和六十年（一九八五）初場所から両国国技館に移り、消防法などの問題で炭火が使えなくなり、ガスバーナーにせざるを得なかった。

しかし、ピンチはチャンス！　苦労して考えた調理方法が功を奏し、今の「冷めても美味しい国技館の焼き鳥」の味にたどり着いたのだ。

国技館特注の焼き鳥製造機は全部で九台あるが、スペースの関係上、今は七台を動かしている。ガスバーナー式で楕円形の機械は、長径が二メートル余りの大きさで、場所中は朝の四時から午後二時頃まで回転させ、いったん休憩を挟んで、追加注文を受ける午後五時から打ち出しまで作る。焼き鳥を焼いている室内の温度は四〇度に達するそうで、国技館の地下でも熱戦が繰り広げられている。

①朝一番の仕事はタレを温めることから始まる。焼き鳥機も一時間近くかけて温める。
②五〇坪（一坪＝約三・三平方メートル）は優にある広さの工場内に、二〇人の焼き方さんがモーター式で回っている焼き鳥機のベルトに串を挟んでいく。
③一周回っていく間にじわじわと焼けていく。鶏肉は五分三十秒、つくねは三分と、焼き時間が異なる。つくねはすでに加熱されて団子になっているため、あとは焼き目をつけるだけでよく、焼き時間が短い。鶏肉は

モーターが回っている間、漬け、焼き、漬け、焼きを繰り返し、タレの入ったツボ（容器）を四回くぐり抜けていく。

④さらに、五回目のタレのプールに落とされ（つくねはこの工程のタレ漬け一回のみ）、最後に本ダレがつけられて、合計六回かけてタレを染み込ませるのが美味しさの秘密！

⑤焼きあがったら三十分ほど急速冷却させる。チラーという冷却器に入れて急速に冷やすことで、旨みと肉汁の残った美味しい焼き鳥になる。

⑥そして箱詰めの作業が行われる。二〇人のスタッフで、前日にタレと山椒をセットしておいた箱に焼き鳥とつくねを並べ、別の人がふたをかけるというように流れ作業で箱詰めしていく。

⑦土産用のものは包装して、紅白のひもをかけたら出来上がり。

⑧配達係が案内所や売店に急いで届ける。

場所中は、総勢六〇人ほどのスタッフで焼き鳥を作り、一五日間で八万本弱の焼き鳥が売れるそう。また、プロレス興行などがあると、一日千本売れる日もあり、イベントによって売れ行きは様々だ。

若貴ブームの頃は総勢八〇人で休憩時間なしで作り、一〇万本以上売れていたそうで、当時は日本もバブルで接待で利用するお客様が多く、ほとんどの人がお土産に焼き鳥を注文していたとか。考えようによっては、今の相撲人気で八万本近く売れているということは、一〇万本も夢ではないのかも……。

その人気の焼き鳥は、国技館以外

でも売られている。東京、仙台、大宮、新宿、上野、八王子の駅で売られ、また墨田区観光協会の依頼で、両国駅横にできた〝江戸のれん〟や東京スカイツリーなどにも出店している。

そういった各所に焼き鳥を納品するため、場所以外の日は勤務時間も変わり、深夜一時頃から三台の機械で焼き始め、午前八時に配達の人が引き取りに来るまで一〇人のスタッフで仕上げる。一カ月で一四四三五〇本ほど売れるそうだ。

本場所以外で焼き鳥が食べたくなったら、ぜひ行ってみてほしい。

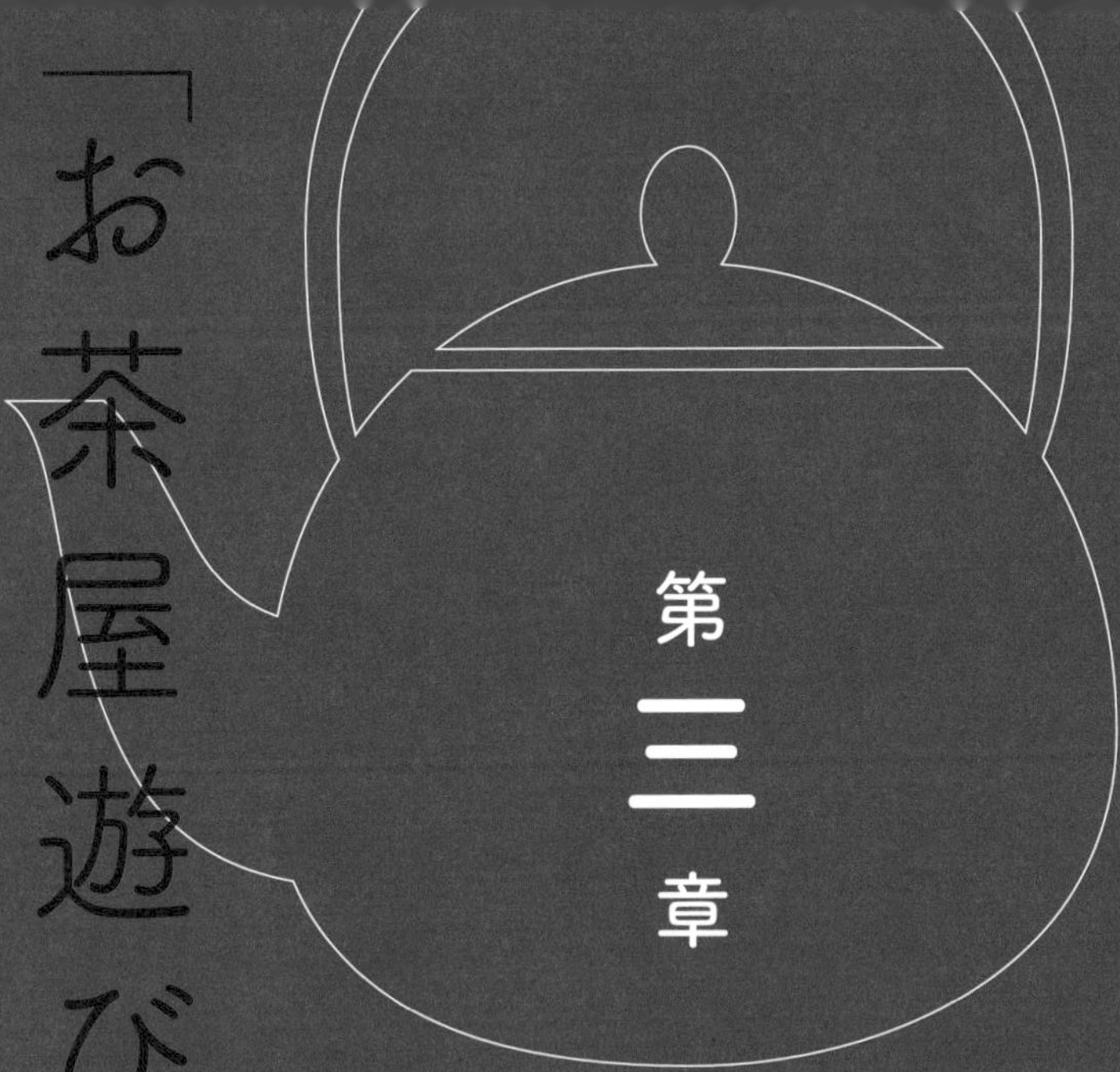

第三章

「お茶屋遊び」を楽しむ

チケットの買い方とたしなみ

「せっかく相撲観戦をするのなら一度はお茶屋さんのおもてなしを受けてみたい！」と、ここまで読むとお茶屋を通してチケットを買ってみたいと思った人も多いはず。でも、一体どこでどのようにしたらお茶屋さんのチケットを買えるのか？　素人にはなかなかわかりづらいのが現状。

ここでは、お茶屋でのチケットの買い方をわかりやすく順を追って紹介していこう。

①チケットの予約

インターネットと電話での二種類の購入方法がある。

ネットの場合は、東京場所の前売り開始日以降、国技館サービスのホームページから事前予約を受け付けている（http://www.kokugikan.co.jp/）。

電話の場合は、東京場所の前売り開始日以降、お茶屋が共通で開設している直通番号（TEL 03-3622-3300）に、午前十時から午後五時までの間にかける。二〇軒のお茶屋さんが日替わりで電話受付を担当しているので、担当のお茶屋さんによってチケットの残数が変わってくる。今は相撲人気で、なかなかチケットが取れなくなっているが、根気よくかければ席を確保することができるかもしれない。

運良く電話で席が確保できたら、土産物や飲食の申し込みに進もう。

「家族四人で観戦するので、土産物はそれぞれ違う物を」

「初任給で両親にプレゼントしたい」

「外国人のお客様が初めて相撲観戦するので、日本文化を感じられる土産物に」

「大事なお客様の接待として使いたいので横綱セットで」など、お客様のニーズにあった対応を心がけているので、気軽に電話口で相談してほしい。売店もお茶屋も焼き鳥などの料金は同じ。人気の焼き鳥は事前にお茶屋で購入しておけば、売店で並んでいて大事な取組を見逃してしまったなどということもなく安心だ。

また、チケットぴあやプレイガイドなどで購入した場合でも、お茶屋に電話をすれば、土産物や飲食の受付をしてくれる。この場合、電話で事前にチケットを購入していることを伝えてほしい。土産物の注文をすれば、お土産券を代金引換で送ってくれるか、「当日○番の茶屋に来てください」と言われる。

②チケット到着（支払い）

ネット申し込みの場合は、代金引換かカード決済かを選択できる。

電話申し込みの場合は、代金引換でチケットが送られてくる。

長年のお客様であれば、接待での利用もできるので、後日請求書を送ってもらって精算ということも可能だ〔一五八頁参照〕。それぞれのお茶屋により、またそのお客様との関係によって支払い方法は様々になっている。

③当日いよいよ、国技館へ

待ちに待った相撲観戦日。

正面木戸から入ってそのまま直進すると、国技館エントランスホールへと入っていくが、お茶屋を通してチケットを購入したお客様は、左手の相撲案内所に入ってほしい。そこには江戸情緒たっぷりの粋な世界が広がっている。

購入した茶屋の番号（一番から二十番）の店先に行ってチケットを見せると、おかみさんの「いらっしゃいませ」という声が聞こえてくる。

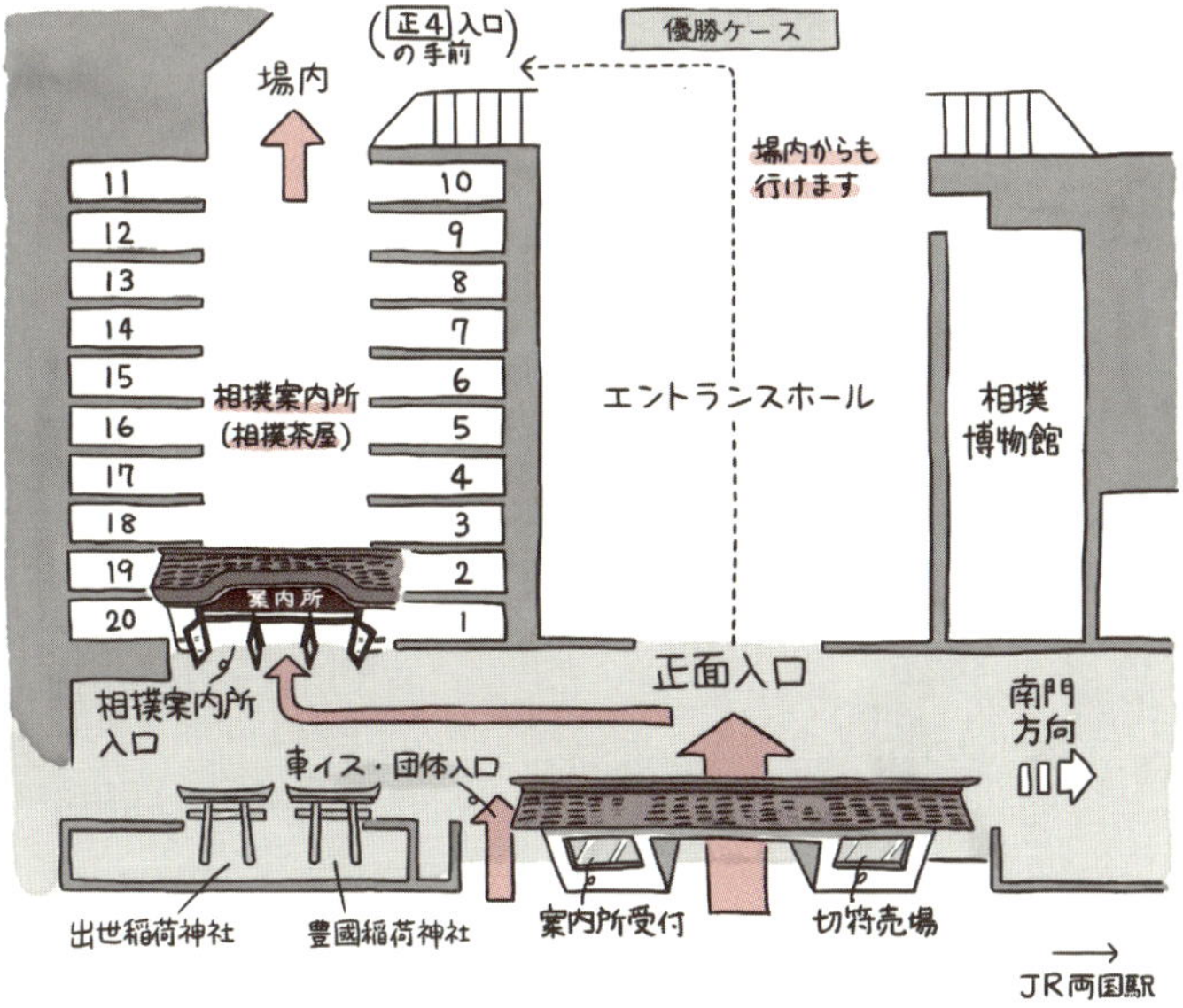

裁着袴姿の出方さんの案内で、席まで迷わずに連れていってもらえる。ちなみに、国技館には早めに行くのがオススメ。場所中は午前八時過ぎから序の口の取組があるので、朝から国技館入りして未来の横綱候補を見つけるのもいい。

館内を歩けば、正面エントランスには天皇賜杯や優勝賞品が飾られていて、地下の大広間では本物の相撲部屋のちゃんこを食べることもできる（正午から午後四時まで）。さらに二階には横綱との写真シールを作れるプリクラ機やカプセルトイ（ガチャガチャ）があり、スー女に人気の名物ソフトクリームも食べられる。

また、親方サイン会や握手会など相撲協会が場所中にいろいろなイベントを催しているので、ホームページなどを参考にして早めに足を運ぼう。館内を探索していると、偶然、着ぐるみの「ひよの山」や取組を終えた力士たちに出会うこともあり、国技館は一大アミューズメントパークのように充分楽しめるのだ（朝から来て途中で国技館を出たくなった場合は、手続きをすれば再入場が一回できるようになっている)。

④観戦

席に案内されたら出方さんが運んでくれたお茶を、まずは一服。

出方さんからその日の取組が書かれた割(取組表)をもらって、館内の説明を聞く。この時、さりげなく「心付け」としてチップを渡すのが通なたしなみポイント! ではあるが、これは決して強制ではない。

昔の粋な名残りとして相撲観戦では今も心付けを渡す人がいるが、たとえ心付けがなくてもサービスが変わるということはないので、ご安心を……。あくまで「気持ち」なので、相撲観戦の流儀として粋な心遣いをしたい人はどうぞ!

チケットの裏にも記載されているが、国技館へ

の飲食の持ち込みは禁止されている。お腹が空いたら、館内の食堂または売店で並んで弁当や飲み物を購入するか、お茶屋で頼むかになる。

お茶屋を通しての飲食は事前に申し込む必要がある。お茶屋に頼めば、あとはゆっくり観戦しながら飲食もできるというわけだ。

「お茶屋は高いのでは」と心配する人もいるが、実は売店もお茶屋も飲食の値段は同じ。チケット代も、ぴあで買ってもお茶屋で買っても同じ料金なのだ。お茶屋さんは席での飲食や土産物で生計を立てているといっても過言ではなく、出方さんに案内してもらってお茶を入れてもらうのは、飲食店で水やおしぼりを出されるのと同じ。出方さんや裏方でお茶を用意してくれる人たちの給料は、お客様に飲食をしてもらうことで成り立っていることをぜひ知っていてほしい。

出方さんたちの行動を見ているとわかるが、取組の間は観戦の妨げになるので桝席の前の道は通らないようにしている。両サイドで待機して絶妙のタイミングでお客様の席に行って、しゃがんで用件を聞いてくれる。再注文も頃合いを見て来てくれるが、待ちきれない人は通りかかった出方さんに声をかけてチケットを見せ、「この店の出方さんを呼んでください」とお願いしよう。二〇軒それぞれに出方さんがいるので、別の店の注文を聞くことはできないのだ。裁着袴の後ろに番号が書かれているので、そのお店の出方さんかどうかを確認して、くれぐれも、いきなり違う店の出方さんに注文することのないようにしたい。

⑤土産物と精算

午後五時から五時三十分までの間に出方さんが土産物を席まで届けてくれる。土産物は売店で売っている物ではなく、お茶屋ならではのオリジナル商品で、年三回の場所ごとにその商品を変えている［一三五頁参照］。

飲食の注文、いわゆるラストオーダーは横綱大関戦の観戦の妨げにならないように午後五時三十分までに最後の注文が届けられる。その時までに当日の飲食代の精算をしよう。そうすれば、打ち出し後の混雑を避けられる。

もちろん、打ち出し後にお茶屋に寄って土産物をもらうこともできるが、打ち出し後は一斉退場となり、かなり混雑しているため待つことも覚悟しなければいけない。

⑥茶屋通りでのやりとり

打ち出し後の興奮さめやらぬ茶屋通りを通って、土産物を受け取り、精算をする人もいるが、通になると、事前に接待であることを伝えて飲食の予算を言っておき、当日観戦するお客様の負担なしで、後日請求書を送ってもらうこともできる。会社の完璧なおもてなしをお茶屋さんに手伝ってもらうことで、ビジネスチャンスに活かすことができるだろう。

お客様とのふれあいを大切にしているお茶屋としては、「今日の相撲は良かった」というお客様の一言が何よりの励みになるというおかみさんも多い。

活気あふれる茶屋通りでの出方さんやおかみさんとのそんなちょっとした会話で、相撲観戦の締めくくり！

⑦そして次回へ

お茶屋さんの対応が気に入れば、次回からは直接、そのお店に予約を入れてみよう。そうすれば、お茶屋さんと顔なじみになれる日も近い。お茶屋を知ることは、チケット入手の大きな味方となってくれるだろう。

地方場所の茶屋事情

東京は国技館サービスが取り仕切っているが、大阪、名古屋、福岡の各地方場所はそれぞれの案内所が取り仕切り、その地方によって違いがある。茶屋があるのは大阪、名古屋のみで福岡はない。

大阪や名古屋場所など地方場所で働いている出方さんたちの中には東京場所で見る顔触れも多く、今年は国技館サービスから、名古屋へは一八人、大阪へは六〇人の出方さんたちが出張という形で働いていた。大阪茶屋の「二葉」だけは、大阪場所限定で集まる出方さんたちで切り盛りしているという。

三月・大阪場所の茶屋

大阪の茶屋の歴史は昭和十一年（一九三六）から始まる。現在の形になったのは昭和二十八年（一九五三）に旧体育館ができてからで、今日まで最大一六軒もの茶屋が軒を連ねた時代もあったが、現在は八軒になっている。その八軒の屋号は、いこま屋・勝恵《かつえ》美《み》・やぐら・天野・本家・二葉・千鳥屋・いつ恵美。

その中で千鳥屋だけは元力士の店だ。代表は元田子ノ浦部屋の出羽錦の息子で三代目となる奈良崎良和さん。その妻の由美子さんがおかみを務める。

出羽錦は家庭第一の父親だったそうで、妻の孝子さんが茶屋のおかみとして切り盛りしていたが、昨年一月に入院し、大阪場所のある三月は看病に明け暮れていたので、今年の春場所が由美子さんのおかみとしての初土俵だった。

茶屋の店先にある机の上には母孝子さんの遺影が飾られている。力士の妻として、茶屋のおかみとして走ってきた孝子さんに見守られているようだと由美子さんは言う。

大阪の場合、東京と異なり各店で土産物を仕入れているので、それぞれ独自のルートがあり、土産物も様々。八軒の茶屋は毎年十二月に見本市（商品選定会）を開いて翌年の春場所の商品を決める。今年、千鳥屋では丸越の陶器やバスタオルに決め、その商品を出方さん四人とアルバイトが忙しく席に配っていた。

大阪の茶屋をまとめる組合長をしているのが「本家」の清水さん。大阪茶屋は一軒一軒独立しているとはいえ、大きな決め事は大阪場所前に集まって決めている。今年初場所で横綱稀勢の里が誕生してから初の本場所となった大阪場所のパンフレットを、従来どおりで行くか、それとも一新するのかを会議で話し合った。

「たとえ費用がかかっても、今の時代に合わせて外国人のお客様のためにも英語の文章も入れよう」「稀勢の里を表紙にして写真も新しくしよう」という意見を取り入れ、成功につながった。

これが、新横綱稀勢の里人気に沸いた春場所の目玉となり、パンフレットは料金が値上げされたにもかかわらず飛ぶように売れたという。相撲ファンの心に響く良い物を作れば、値段に関係なく売れるのだと再認識したという。

七月・名古屋場所の茶屋

地方場所の中で一番最後に本場所となったのが名古屋場所。昭和三十三年（一九五八）に本場所となってから今年で六〇回目を迎える。初めは金山体育館で開催されていたが、昭和四十年（一九六五）から愛知県体育館に場所を移し、お茶屋は「かね秀」「寿」「わか竹」の三軒のみになった。
「わか竹」の初代代表である山内一幹さんは中日新聞社（当時は中部日本新聞社）の記者で芸能担当だった。自分で芝居小屋を経営したこともあったほど日本文化が大好きな人だったという。

名古屋場所を本場所にしようとの動きが地元で高まった時に、知人から「茶屋を営む店を一〇軒集めてほしい」と頼まれ、名古屋市内の料亭などに声をかけて一〇軒のお茶屋をスタートさせたのが六〇年前。それから景気の波や相撲界の不祥事などで徐々に減り、今では三軒となった。

魯山人や文化的なことに造詣の深かった一幹さんが「相撲という文化の中では茶屋もまた文化だ。今、この文化は相撲界にのみ残っている大切なもの。命ある限り相撲茶屋をやってほしい」と言い残し、息子の山内一成さんが二代目として継承している。

名古屋も大阪同様で、土産物などは三軒の店がそれぞれ独自のルートで買いそろえている。今年の「わか竹」の土産物は、相撲錦絵が描かれた青い袋の中に、タオルや小倉山荘のせんべい、熊本・益城町のいも焼酎を相撲絵のラベルを付けて入れている。

どのお店も毎年四月頃に商品を決めるが、お客様の声を参考にして、おかみの喜子さんが良かったと思うものを実際に食べて吟味して決めているそうだ。そういったところに、「命ある限り相撲茶屋をやってくれ」と言い残した先代の思いが息づいているように感じた。ピンクの箱に入った相撲クッキーは一成さんが自らデザインしたもので、女性に人気の商品だという。

長年ご贔屓にしてくれているお客様の中には、「六月の田植えが終わるとようやく相撲が見られる」と言って観戦に来る人もいるそうだ。相撲人気で今年は若貴時代以来の即日完売となり、一度は足が遠のいていたお客様も、また復活してきている様子。常連のお客様と新しいお客様とでは土産物の好みも違い、新しい相撲ファンは陶器がほしいという人が多い。今年は稀勢の里の湯呑みが一番人気だった。反面、常連客は陶器以外のものを好む。お客様のニーズによって土産物を選ぶのが、その店の腕の見せ所である。

結び

お茶屋さんの本を書くと言ったら「大変だからやめておけ」「今まで一冊の本になったことがないのだから難しいのでは……」と多くの人に言われた。相撲取材歴三十年、それなりに相撲界のことはわかった気持ちになっていた私だったが、お茶屋さんの話を聞いて相撲の奥深さを改めて思い知らされた。

稀勢の里が初優勝した今年の初場所から取材を始めたが、どのお茶屋さんも「力士が中心の世界だから、自分たちはあくまで黒子。目立ってはいけない」という思いが強く、取材は困難を極めたが、場所を重ねるたびに心を開いてくださり、懐広く昔の資料や書籍を見せてくださって、貴重なお話を伺うことができた。

代々、世襲制で家業を守り続けてきたお茶屋さんの話には、苦労を重ねた日々がにじみ出ていて、相撲愛に溢れていた。

チケットがなかなか売れない時に、お茶屋さんがツテを頼って売り歩いたことを忘れてはいけないと強く感じた。

相撲人気が戻ってきた今も、多くのお茶屋さんたちは決して浮かれてはいなかった。むしろ、今の相撲人気を確実なものにするためにはどうすればいいのかを、危機感を持って深く考えている人が多かった。「二〇軒が足並みをそろえて相撲協会とともに歩むことが大切」という。

長い歴史の中で大相撲はお茶屋によって支えられた時代もあることを知った上で相撲観戦するのもまた、相撲の奥深さを知ることにつながるのではないだろうか。

＊本書に掲載されている家系図は、相撲茶屋に携わる人物を主な対象としています。

［著者プロフィル］
横野レイコ（よこの・れいこ）
大阪市出身。1982年〜86年に奈良CATV局「HI-OVIS」契約アナウンサーとして
地域情報番組や共同通信ニュースなどを担当。24歳で上京し、
1986年からフジテレビ「3時のあなた」「おはよう！ナイスデイ」のリポーターを経て、
現在はフジテレビ「とくダネ！」リポーター。
相撲取材をはじめ、相撲番組の企画やトークショーなどで、
力士たちと共に全国各地を駆け巡る。女性の相撲の伝え手として草分け的存在である。
2017年に株式会社 相撲コンシェルジュ設立。
著書に、『お兄ちゃん——誰も知らなかった若乃花の真実』（フジテレビ出版、2000年）、
『I am a RIKISHI』（扶桑社、2004年）、『朝青龍との3000日戦争』（文藝春秋、2010年）。

相撲《すもう》茶《ぢゃ》屋《や》のおかみさん

2017年9月24日　第1版第1刷発行

著者　横野レイコ
発行者　菊地泰博
発行所　株式会社現代書館
〒102-0072　東京都千代田区飯田橋3-2-5
電話 03-3221-1321　FAX 03-3262-5906　振替 00120-3-83725
http://www.gendaishokan.co.jp/
印刷所　平河工業社（本文）　東光印刷所（カバー・表紙・帯・扉）
製本所　積信堂
イラスト　綾森けむり
ブックデザイン　伊藤滋章

校正協力：早川 綾

ISBN978-4-7684-5811-2
定価はカバーに表示してあります。乱丁・落丁本はおとりかえいたします。

活字で利用できない方のための
テキストデータ請求券
『相撲茶屋のおかみさん』